COLLECTION POÉSIE

GEORGES BATAILLE

L'Archangélique

et autres poèmes

Préface de Bernard Noël

*Notes de Bernard Noël
et Thadée Klossowski*

GALLIMARD

Une première édition de L'ARCHANGÉLIQUE ET AUTRES
POÈMES établie par Bernard Noël a été publiée en 1967
au Mercure de France.

LE BIEN DU MAL

L'œuvre poétique de Georges Bataille est restée à l'écart, non parce qu'elle manquerait de qualité, mais plus certainement parce qu'elle représente un danger pour la poésie. Elle n'en conteste pas seulement les manières, elle les déchire, les salit ou bien les rend dérisoires. Ainsi la poésie est attaquée dans sa nature même et bientôt pervertie ou, plus exactement, souillée. On se protège de cette souillure mentale en l'attribuant aux sujets, souvent obscènes ou scatologiques, alors qu'il s'agit d'une chose tout autre — qu'il s'agit d'un saccage interne faussant les articulations ordinaires du poème pour leur faire desservir leur propre élan. Il y a de la brutalité dans ce retournement : une façon de trousser le vers pour exhiber sa nudité sonore scandée à contresens de ce qu'il dit.

Toute action contre la poésie ne peut avoir lieu qu'à l'intérieur de la poésie : il faut donc diriger contre elle des moyens qui lui sont particuliers. Dada s'était déjà trouvé dans cette position et l'avait réso-

lue, chez Picabia par exemple, en ayant recours à l'incohérence, qui met à mal le bon sens et le bon goût. Dada s'amusait gravement, Bataille joue le mal contre le bien, ce qui est moins ludique et affecte tout le comportement. En fait de poésie, il n'a guère en vue que celle des surréalistes, et il n'a cessé depuis longtemps d'en dénoncer la niaiserie sentimentale, la manie de poudrer d'effusions lyriques les bassesses de la vie. D'ailleurs, ce sont justement ces bassesses qui seules lui paraissent dignes de la poésie quand le désir de condenser sa révolte ou de précipiter les visions qui préludent à ses méditations le conduit à noter des pulsions verbales dont le vers est la forme adéquate. Ce mouvement porte Bataille à l'opposé de sa destination traditionnelle : il déchante et désenchante afin de réduire le poème à une nervosité excessive, à l'à-vif. « Il me semblait, dira-t-il plus tard, qu'à la poésie véritable accédait, seule, la haine. »

Quelle haine ? La haine de la poésie, bien sûr, formule qui, en 1947, deviendra le titre de l'un de ses livres, rebaptisé en 1962 L'Impossible. Si la haine est la seule voie d'accès à la « poésie véritable », c'est qu'il faut en utiliser la violence pour déchirer la « belle poésie » qui, elle, n'est pas « véritable » et, par cette déchirure, s'introduire dans le « vrai ». L'image de la blessure devenant bouche de la vérité se double de celle de la « fente », bouche basse qui profère l'expérience fondamentale du désir, de l'éblouissement, de la mort. Les mots qui débordent de cette région dans le même temps s'y consument, et cette nais-

sance aussitôt flambée les préserve d'être le détestable résidu de leur envolée.

Ce qui, pour Bataille, souille la poésie, c'est la poésie elle-même dans la mesure où elle consent à se satisfaire de ses beautés, aussi veut-il souiller cette souillure pour atteindre la poésie « véritable ». La langue, évidemment, souffre ici de n'avoir qu'un mot pour désigner des projets contradictoires, mais par cette souffrance, et à condition que son locuteur ait conscience de faillir, elle parvient à un état d'échec où, touchant à l'impossible, elle en tire une énergie décuplée. Un instant, elle est alors cette supplication sans attente de la moindre réponse où les mots se surpassent. Ce moment de vérité permet que l'angoisse déferle et qu'elle découvre en nous la fuite où s'abîment le sens et la certitude. Depuis le bord de cette fuite, on peut soit dramatiser sa perception pour déclencher un emportement et peut-être l'extase, soit glisser dans la vision de l'inachèvement généralisé. Sans doute n'est-ce que sur ce bord que s'offre à la méditation cette phrase de Bataille : « Qui ne "meurt" pas de n'être qu'un homme ne sera jamais qu'un homme. »

D'un emploi à l'autre du mot « homme » s'effectue un saut déterminant qui change la qualité de ce qu'exprime ce mot. Dans son premier emploi, la condition humaine se reconnaît insupportable et sait qu'elle doit détruire sa nature afin de se métamorphoser ; dans le second, elle se résigne à sa banalité et s'accepte telle quelle. Transposée à la « poésie », cette phrase résume la position de Bataille qui, en effet,

9

pense que « toute poésie » qui ne « meurt » pas de n'être que poésie ne sera jamais que « poésie », c'est-à-dire un enjolivement naïf et vain, donc idéaliste, de notre condition. Et voilà définie une autre approche de la « poésie véritable », qui doit sacrifier d'abord le « poétique » pour s'orienter vers ce qui restera hors d'atteinte pour la raison que son élan perdrait toute vitalité s'il atteignait son but. La réalisation n'est rien, sa poursuite sans espoir est tout.

Il n'est pas indifférent que la poésie « véritable » trouve sa vérité dans le sacrifice de ce que l'autre poésie considérait comme la sienne car ce geste sacrificiel ménage le seuil par lequel le lecteur partage le choix de l'auteur. Le sacrifice culbute la conception habituelle de la poésie avec une violence qui violente à égalité l'auteur et le lecteur, et c'est ainsi que se développe là une énergie qui est à la fois l'instant du renversement des valeurs et l'instant de la vérité. La poésie de Bataille accouple ces deux instants pour se jeter dans l'inconnu et s'y dérober à la littérature.

Conséquence, la poésie est le contraire de ce qu'annonce le mot qui la désigne, situation plus que dérangeante pour qui veut faire entendre cette contradiction sans pouvoir dédoubler le nom entre la fulgurance négative que lui assigne Bataille et la recherche de la beauté associée au trésor littéraire. Ce qui est en jeu dans cet écartèlement relève de la débauche de la pensée et du refus des illusions qui aident à supporter la vie. Il faut ajouter à la « poésie » sa « haine » pour signifier ce qu'elle est quand son nom même la conteste, mais il faut encore que, privée alors de tous ses leurres, elle en soit réduite au désespoir de son propre sens. Cette poésie sans poésie qu'exige Bataille est identique à la victime après son sacrifice, pareille donc à une morte. État extrême qui, à la fin, échappe à la représentation, et vers lequel tend Bataille parce que s'éprouver mourir est le moyen d'échapper à l'emprise du savoir — du « savoir qui ne permet pas de penser la mort ». La pratique de la haine de la poésie introduit au non-savoir et, par lui, à l'approche du cadavre inconnaissable que l'on devine rageusement désiré dans cet aveu : « Ma propre mort m'obsède comme une cochonnerie obscène et par conséquent horriblement désirable. »

La poésie en révolte contre la poésie qu'écrit Bataille est liée à l'expérience intérieure et n'aurait probablement pas été écrite sans elle. Le mysticisme athée de Bataille a besoin de saisir les états qu'il provoque, de les saisir dans des formules ramassées, condensées, brisantes, qui prennent tout naturellement l'allure du poème. Entre sa mystique et ce qu'on entend d'ordinaire sous ce nom, il y a la même différence contradictoire qu'entre la poésie et la haine de la poésie de telle sorte que, chez Bataille, tout s'organise à rebours des valeurs dont il n'emprunte le nom que pour en dénaturer le sens — ou bien le porter à un tel extrême qu'il en bascule dans son contraire. « De la poésie, écrit-il, je dirai maintenant qu'elle est le sacrifice où les mots sont victimes. » Il pourrait en dire autant des règles de l'expérience intérieure : il la poursuit en sacrifiant ce qui les soutenait et qui était l'inconnaissable rapporté à Dieu. L'inconnaissable persiste et ne cesse pas d'être ce qu'il est mais, dans l'expérience de Bataille, Dieu ne peut plus en être le nom. En vérité, les mots sont les victimes d'un sacrifice généralisé, qui les détourne de la nomination admise pour les orienter vers ce qui ne sera perçu qu'à travers leur défaillance.

Tout tremble au bord d'un abîme ou plutôt — car «abîme» est trop poétique — au bord d'une tombe, simple trou dans lequel il faut déjà se voir en proie à la putréfaction avant d'être rendu au Néant. Cette situation est justement le destin que la poésie dissimule depuis toujours sous de «glorieux mensonges». La pourriture ni le Néant ne sont une fin convenable : les mystiques qui les affrontèrent le firent en substituant Dieu au Néant, et ils se servirent éventuellement de la représentation de la pourriture comme d'un excitant dans la recherche du salut. Bataille proclame : «Je refuse d'être heureux (d'être sauvé).» Et il s'efforce d'avoir constamment en vue ce que toute activité sert à dissimuler, pas seulement la poésie mais l'exercice de la pensée. Aussi tente-t-il de se maintenir face à l'impensable, au non-sens, au non-savoir, et en dévoyant pour ce faire la poésie, la pensée, la méditation. La nudité de l'être devant sa propre ruine est à ce prix, mais à peine l'aperçoit-il qu'elle se dérobe en même temps que disparaissent les moyens qui l'ont fait surgir.

L'expérience intérieure est une lutte permanente contre les «glorieux mensonges» afin que demeure déchirante la crise déclenchée par leur dévoilement.

L'expression « glorieux mensonges » est de Mallarmé dans sa fameuse lettre à Cazalis du 28 avril 1866. Elle a l'avantage de la brièveté pour dénoncer toutes les sublimités qui dissimulent notre déréliction. Mallarmé, quand il écrit ces mots, vient de faire longuement face au Néant, et ce dernier demeurera toujours présent en lui comme une doublure qui peut dévorer son visage. L'année suivante (27 mai 1867), dans une lettre à Lefébure, il a cette formule extraordinaire : « La Destruction fut ma Béatrice. » Cette formule paraîtrait sans doute trop poétique à Bataille qui se réfère quant à lui à « une cochonnerie obscène et par conséquent horriblement désirable ». C'est l'horreur qui, aux yeux de Bataille, est « poétique », d'une poésie « véritable ». L'horreur est aussi bien sa grâce que sa bouche d'ombre, et celle-ci lui souffle une négativité renversante : « Le génie poétique n'est pas le don verbal [...] c'est la divination des ruines secrètement attendues, afin que tant de choses figées se défassent, se perdent, communiquent [...] » Et sûrement faut-il entendre dans ce dernier mot que la perdition — que la conscience activée par la perdition — est l'état propice à la « communication », dont on sait qu'elle relève pour Bataille du « sacré ».

Aux « glorieux mensonges » de Mallarmé s'oppose donc l'« obscène vérité » de Bataille, et cette opposition détermine des choix évidemment opposés. Mallarmé décide de se donner le spectacle des inventions « sublimes » qui permettent aux « vaines formes de la matière », dont il fait partie, de s'élancer dans le rêve tout en sachant qu'il s'agit d'une illusion ;

Bataille, lui, récuse ce qui le détourne de la vision obscène. Mallarmé n'oublie pas un instant que «le Rien [...] est la vérité» mais, «depuis les premiers âges», cette vérité a contraint les hommes à inventer «Dieu et notre âme», bref tous ces «glorieux mensonges» qui fondent notre humanité. Mallarmé tisse le voile mensonger de la beauté sans en ignorer la nature : la crise née de la vision du Néant demeure ainsi latente sans interdire la «poésie». Autrement dit, Mallarmé accepte, non pas d'ignorer le Néant grâce à la création, mais de créer tout en sachant à quelle vanité le savoir du Néant condamne son acte. La grandeur de Mallarmé est de manier l'illusion sans illusion : rares sont les «horribles travailleurs» (le mot est de Rimbaud) qui inscrivent leur poésie dans ce désespoir. Les autres prennent leur rhétorique pour la réalité.

La rage de Bataille contre ces derniers s'étend à la poésie tout entière pour la raison que, s'abandonnant à l'excès de sa rage, il en veut à la poésie de n'être pas que «cochonnerie obscène» (chose qu'en plus elle est paradoxalement à ses yeux en ne l'étant pas). Cette position exaspère chez Bataille l'état de crise et le rend permanent : l'obscène dévore sans arrêt l'illusion.

Bataille ne peut opter pour la révolte discrète de Mallarmé : il semble cependant l'avoir comprise si l'on en croit la longue légende dont il souligne le Portrait de Stéphane Mallarmé *(1876) dans l'ouvrage qu'il a consacré à* Manet *(Skira, 1955). Le poète exemplaire à ses yeux est Rimbaud : il l'est*

14

pour avoir choisi le silence. Mais le silence n'est que celui du poète car rien ne peut faire que ce qui a été écrit ne l'ait pas été sauf à considérer que cela même est né par son interruption volontaire et que cette dernière, en faisant le choix de l'échec, met également la poésie en échec. Dans son Georges Bataille, la mort à l'œuvre *(Gallimard, 1992), après avoir analysé le rapport avec Rimbaud, Michel Surya résume parfaitement la conception excessive de Bataille : « [...] la poésie n'est la poésie que si elle est un délit, si elle a le caractère de lubricité du déchaînement sexuel ; que si elle est un crime : le couteau du boucher dans la langue (belle, noble, élevée). Le couteau du sacrificateur. La poésie est à la langue, ou devrait l'être, comme ce qui est* bas, *sans jamais désirer être autrement que* bas, *comme ce qui trahit la langue, en est la loque... »*

Cependant, si donner sa main et sa bouche à la poésie est commettre l'irréparable puisque se taire n'effacera jamais l'acte commis, la poésie est un mal que rien ne saurait racheter. Et un mal de pareille nature — en vérité aussi absolu — ne peut que fasciner Georges Bataille. Ce qui est bien le cas comme en témoigne une « haine » qui, en dévoyant l'objet de sa fascination, rencontre une chose assez extrême pour retourner son effort. Bataille a sans doute désiré provoquer la décomposition de la Beauté pour que l'image la plus contraire à la « cochonnerie obscène » et donc à ses yeux la moins désirable lui offre, en se décomposant, un spectacle enfin « horriblement désirable »... Les mots sont capables de toutes les cruau-

tés tout comme de changer ladite cruauté en bouffonnerie. La représentation de l'instant tragique fait mourir de rire puis rire de mourir. Les mots bénéficient d'un semblant éphémère qui leur donne un moment l'être qu'ils n'ont pas, mais le Néant est toujours là, présent sous sa propre rature.

« L'importance profonde de la poésie, écrit Georges Bataille, c'est que du sacrifice des mots, des images, et du fait même de la misère de ce sacrifice (à cet égard il en est de même de la poésie et de n'importe quel autre sacrifice), elle fait glisser de l'impuissant sacrifice des objets à celui du sujet. Ce que Rimbaud sacrifia ce n'est pas seulement la poésie objet mais le sujet poète. — Survivance détestable mais beaucoup plus bouleversante que la mort. — Mise à mort de l'auteur par son œuvre… »

Qui pourrait concevoir qu'un auteur attende de son œuvre qu'elle le mette à mort ? Pareille attente susciterait sarcasmes et moquerie, nul ne pouvant penser que l'auteur n'a formulé ce désir que pour en rire lui-même. Pour en rire dans le secret d'une pensée qui choisit soudain la forme du poème pour changer de dimension et, par le rythme, entrer dans l'immédiateté de la vie. Ou éprouver le sentiment de la vie dans sa pulsation immédiate. Le vers possède l'avantage d'être semblable à cette pulsation : il est à l'intérieur du poème le battement qui se répète et donne une forme sonore par cette succession. Tous les poèmes de L'Archangélique, pour peu que l'attention aille aux vers et pas seulement au sens, ont une sonorité très prenante, très dérangeante aussi parce

16

que la suite des syllabes constitue un bruissement de langue qui fait à la pensée un dessous moqueur. Les poèmes tirés de la Somme athéologique sont moins scandés que précipités — précipités dans une vitesse destinée à provoquer la vision (ou l'extase). Ils projettent des éclats qui, chacun relançant le suivant, dramatisent l'espace mental de la méditation jusqu'à y ménager la sortie de soi. Sortie éventuelle bien sûr, et surprenante, car elle est désirée toujours dans l'incertitude de sa venue.

Cet effet de convocation fait glisser le poème hors de la «poésie» en l'associant à une méthode qui le détourne à son service. Il semble que les premiers poèmes de Bataille aient subi ce détournement si, comme il est probable, ceux de la Somme athéologique sont bien les premiers. Mystique et poésie se sont croisées bien souvent mais en vue de célébrer l'énigme ineffable dont Dieu est la clé. Ainsi Dieu est l'horizon connu d'avance d'une expérience qui n'affronte l'inconnu qu'afin de confirmer par son épreuve l'union divine. Bataille, tout au contraire, poursuit une expérience qui, bien qu'apparentée consciemment à la mystique, est libre des attaches traditionnelles de cette dernière avec pour seul but la mise en cause de tout. L'expérience intérieure est une pratique et pas seulement une démarche intellectuelle. Tous les moyens lui sont bons s'ils lui permettent justement d'excéder le connu, en particulier le rire, la débauche, la souillure qui écœure et rend malade. Ces excès créent des états où coïncident «les données d'une connaissance émotionnelle commune *et rigoureuse et celles de la connaissance discursive ». La poésie de Bataille s'insère dans cette coïncidence mais, loin d'en refléter l'équilibre, elle le compromet plutôt et témoigne de l'état d'insurrection dans lequel se tressent l'une à l'autre « haine » et « poésie ».*

La tentation à la fin est de découvrir un apaisement, quitte à le trouver dans les marges. Les textes de Bataille n'ont pas d'autre marge que la mort de leur auteur. Sans doute cet auteur a-t-il eu des activités communes, une vie ordinaire, mais de cela il ne reste rien qui puisse procurer au lecteur une échappée. Lire Bataille, c'est l'accompagner jusqu'où le souffle manque entre le Vide et la Mort, puis en revenir comme il a dû le faire, puis recommencer dans le désir d'épuiser ce recommencement en le conduisant vers la fin. Sauf qu'il n'est pas d'autre fin que la conscience d'avoir à finir définitivement. Situation irrespirable où la suffocation mentale envahit le corps.

Ce qui est en question ici fut à l'évidence vécu par Bataille dans le refus de tous les narcotiques que sont l'amour, la poésie, la littérature ; cependant, tout cela a quand même abouti à des livres, à des poèmes. Livres et poèmes qui, à leur tour, peuvent servir de narcotiques. Mais Bataille n'écrit que dans la honte d'écrire des poèmes, dans le doute de penser, et cette négation active oblige à un renversement constant qui ne laisse place à aucune satisfaction. Certes on peut se complaire dans l'expérience des limites et en tirer des jeux intellectuels : il y manquera toujours la vérité du désespoir. Laquelle n'entraîne pas à faire carrière. On peut ignorer les livres de Bataille, on ne peut, les ayant lus, ne pas consentir au fait que leur existence modifie quelques enjeux d'importance pour la pensée, pour la poésie. Du moins tant que l'une et l'autre ne seront pas éteintes par la consommation culturelle.

Offrir l'angoisse comme état propice à l'expérience n'est guère séduisant, et ne l'est pas davantage l'assurance qu'une « cochonnerie obscène » est à l'horizon, ou que la haine de la poésie est la seule voie vers la poésie. L'étonnant est que ces contre-valeurs puissent dégager une qualité radicalement nouvelle dans les domaines qu'en apparence elles saccagent. Ainsi la poésie dévorée par sa haine est moins poétique et plus vraie. Résultat que la haine conteste aussitôt parce qu'il engage dans un apaisement là même où il ne saurait survenir sans que son action ne soit transformée en « cochonnerie » mensongère. Tout en nous, dans nos actes comme dans notre pensée, appelle la dissimulation du Néant et de la Mort ; tout chez Bataille exige au contraire d'oser contempler l'irrémédiable et d'en méditer l'émotion blessante. Depuis cinquante ans, cette exigence n'a pas fait école, mais elle n'a cessé de hanter quelques poètes...

BERNARD NOËL

L'Archangélique

LE TOMBEAU

I

Immensité criminelle
vase fêlé de l'immensité
ruine sans limites

immensité qui m'accable molle
je suis mou
l'univers est coupable

la folie ailée ma folie
déchire l'immensité
et l'immensité me déchire

je suis seul
des aveugles liront ces lignes
en d'interminables tunnels

je tombe dans l'immensité
qui tombe en elle-même
elle est plus noire que ma mort

le soleil est noir
la beauté d'un être est le fond des caves un cri
de la nuit définitive

ce qui aime dans la lumière
le frisson dont elle est glacée
est le désir de la nuit[1]

je mens
et l'univers se cloue
à mes mensonges déments

l'immensité
et moi
dénonçons les mensonges l'un de l'autre

la vérité meurt
et je crie
que la vérité ment

ma tête sucrée
qu'épuise la fièvre
est le suicide de la vérité[1]

le non-amour est la vérité
et tout ment dans l'absence d'amour
rien n'existe qui ne mente

comparé au non-amour
l'amour est lâche
et n'aime pas

l'amour est parodie du non-amour
la vérité parodie du mensonge
l'univers un suicide gai

dans le non-amour
l'immensité tombe en elle-même
ne sachant que faire[1]

tout est pour d'autres en paix
les mondes tournent majestueux
dans leur monotonie calme

l'univers est en moi comme en lui-même
plus rien ne m'en sépare
je me heurte en moi-même à lui

dans le calme infini
où les lois l'enchaînent
il glisse à l'impossible immensément [1]

horreur
d'un monde tournant en rond
l'objet du désir est plus loin

la gloire de l'homme est
si grande qu'elle soit
d'en vouloir une autre

je suis
le monde est avec moi
poussé hors du possible

je ne suis que le rire
et la nuit puérile
où tombe l'immensité[1]

je suis le mort
l'aveugle
l'ombre sans air

comme les fleuves dans la mer
en moi le bruit et la lumière
se perdent sans finir

je suis le père
et le tombeau
du ciel[1]

l'excès de ténèbres
est l'éclat de l'étoile
le froid de la tombe est un dé

la mort joua le dé
et le fond des cieux jubile
de la nuit qui tombe en moi[1]

II

Le temps m'oppresse je tombe
et je glisse sur les genoux
mes mains tâtent la nuit

adieu ruisseaux de lumière
il ne me reste que l'ombre
la lie le sang

j'attends le coup de cloche
où jetant un cri
j'entrerai dans l'ombre[1]

III

Un long pied nu sur ma bouche
un long pied contre le cœur
tu es ma soif ma fièvre

pied de whisky
pied de vin
pied fou de terrasser

ô ma cravache ma douleur
talon très haut me terrassant
je pleure de ne pas mourir

ô soif
inapaisable soif
désert sans issue[1]

soudaine bourrasque de mort où je crie
aveugle à deux genoux
et les orbites vides

couloir où je ris d'une nuit insensée
couloir où je ris dans le claquement des portes
où j'adore une flèche

et j'éclate en sanglots
le coup de clairon de la mort
mugit dans mon oreille[1]

IV

Au-delà de ma mort
un jour
la terre tourne dans le ciel

je suis mort
et les ténèbres
alternent sans finir avec le jour

l'univers m'est fermé
en lui je reste aveugle
accordé au néant[1]

le néant n'est que moi-même
l'univers n'est que ma tombe
le soleil n'est que la mort

mes yeux sont l'aveugle foudre
mon cœur est le ciel
où l'orage éclate

en moi-même
au fond d'un abîme
l'immense univers est la mort[1]

je suis la fièvre
le désir
je suis la soif

la joie qui retire la robe
et le vin qui fait rire
de n'avoir plus de robe[1]

dans un bol de gin
une nuit de fête
les étoiles tombent du ciel

je lampe la foudre à longs traits
je vais rire aux éclats
la foudre dans le cœur[1]

L'AURORE

Crache le sang
c'est la rosée
le sabre dont je mourrai

de la margelle du puits
regarde le ciel étoilé
a la transparence des larmes [1]

Je te trouve dans l'étoile
je te trouve dans la mort
tu es le gel de ma bouche
tu as l'odeur d'une morte

tes seins s'ouvrent comme la bière
et me rient de l'au-delà
tes deux longues cuisses délirent
ton ventre est nu comme un râle

tu es belle comme la peur
tu es folle comme une morte [1]

Le malheur est innommable
le cœur est une grimace

ce qui tourne dans le lait
le rire de folle de la mort[1]

Une étoile s'est levée
tu es je suis le vide
une étoile s'est levée
douloureuse comme le cœur

luisante comme une larme
tu siffles c'est la mort
l'étoile emplit le ciel
douloureuse comme une larme

je sais que tu n'aimes pas
mais l'étoile qui se lève
coupante comme la mort
épuise et tord le cœur[1]

Je suis maudit voilà ma mère
que cette nuit est longue
ma longue nuit sans larmes

nuit avare d'amour
ô cœur cassé de pierre
enfer de ma bouche de cendre

tu es la mort des larmes
sois maudite
mon cœur maudit mes yeux malades te cher-
    chent

tu es le vide et la cendre
oiseau sans tête aux ailes battant la nuit
l'univers est fait de ton peu d'espoir

l'univers est ton cœur malade et le mien
battant à frôler la mort
au cimetière de l'espoir

ma douleur est la joie
et la cendre le feu[1]

Dent de haine
tu es maudite
qui est maudite paiera

tu paieras ta part de haine
l'horrible soleil tu mordras
qui est maudit mord le ciel

avec moi tu déchireras
ton cœur aimé de l'effroi
ton être étranglé d'ennui

tu es l'amie du soleil
il n'est nul repos pour toi
ta fatigue est ma folie[1]

De la bouse dans la tête
j'éclate je hais le ciel
qui suis-je à cracher les nues
il est amer d'être immense
mes yeux sont des cochons gras
mon cœur est de l'encre noire
mon sexe est un soleil mort

les étoiles tombées dans une fosse sans fond
je pleure et ma langue coule
il importe peu que l'immensité soit ronde
et roule dans un panier à son
j'aime la mort je la convie
dans la boucherie de Saint-Père[1]

Noire mort tu es mon pain
je te mange dans le cœur
l'épouvante est ma douceur
la folie est dans ma main.

Nouer la corde du pendu
avec les dents d'un cheval mort[1].

Douceur de l'eau
rage du vent

éclat de rire de l'étoile
matinée de beau soleil

il n'est rien que je ne rêve
il n'est rien que je ne crie

plus loin que les larmes la mort
plus haut que le fond du ciel

dans l'espace de tes seins[1]

Limpide de la tête aux pieds
fragile comme l'aurore
le vent a brisé le cœur

à la dureté de l'angoisse
la nuit noire est une église
où l'on égorge un porc

tremblante de la tête aux pieds
fragile comme la mort
agonie ma grande sœur

tu es plus froide que la terre[1]

Tu reconnaîtras le bonheur
en l'apercevant mourir

ton sommeil et ton absence
accompagnent dans la tombe[1]

Tu es le battement du cœur
que j'écoute sous mes côtes
et le souffle suspendu[1]

Mes sanglots sur tes genoux
j'ébranlerai la nuit

ombre d'ailes sur un champ
mon cœur d'enfant perdu[1]

Ma sœur riante tu es la mort
le cœur défaille tu es la mort
dans mes bras tu es la mort

nous avons bu tu es la mort
comme le vent tu es la mort
comme la foudre la mort

la mort rit la mort est la joie[1]

Seule tu es ma vie
des sanglots perdus
me séparent de la mort
je te vois à travers les larmes
et je devine ma mort

si je n'aimais pas la mort
la douleur
et le désir de toi
me tueraient

ton absence
ta détresse
me donnent la nausée
temps pour moi d'aimer la mort
temps de lui mordre les mains[1]

Aimer c'est agoniser
aimer c'est aimer mourir
les singes puent en mourant

assez je me voudrais mort
je suis trop mou pour cela
assez je suis fatigué

assez je t'aime comme un fêlé
je ris de moi l'âne d'encre
brayant aux astres du ciel

nue tu éclatais de rire
géante sous le baldaquin
je rampe afin de n'être plus

je désire mourir de toi
je voudrais m'anéantir
dans tes caprices malades[1]

LE VIDE

Des flammes nous entourèrent
sous nos pas l'abîme s'ouvrit
un silence de lait de gel d'ossements
nous enveloppait d'un halo

tu es la transfigurée
mon sort t'a cassé les dents
ton cœur est un hoquet
tes ongles ont trouvé le vide

tu parles comme le rire
les vents dressent tes cheveux
l'angoisse serrant le cœur
précipite ta moquerie

tes mains derrière ma tête
ne saisissent que la mort
tes baisers riants ne s'ouvrent
qu'à ma pauvreté d'enfer

sous le baldaquin sordide
où pendent les chauves-souris
ta merveilleuse nudité
n'est qu'un mensonge sans larmes

mon cri t'appelle dans le désert
où tu ne veux pas venir
mon cri t'appelle dans le désert
où tes rêves s'accompliront

ta bouche scellée à ma bouche
et ta langue dans mes dents
l'immense mort t'accueillera
l'immense nuit tombera

alors j'aurai fait le vide
dans ta tête abandonnée
ton absence sera nue
comme une jambe sans bas

en attendant le désastre
où la lumière s'éteindra
je serai doux dans ton cœur
comme le froid de la mort[1]

Poèmes divers

POÈMES DE LA *SOMME ATHÉOLOGIQUE*

L'Expérience intérieure[1]

Je ne veux plus, je gémis,
je ne peux plus souffrir
ma prison.
Je dis ceci
amèrement :
mots qui m'étouffent,
laissez-moi,
lâchez-moi,
j'ai soif
d'autre chose.
Je veux la mort
non admettre
ce règne des mots,
enchaînement
sans effroi,
tel que l'effroi
soit désirable ;
ce n'est rien
ce moi que je suis,
sinon

lâche acceptation
de ce qui est.
Je hais
cette vie d'instrument,
je cherche une fêlure,
ma fêlure,
pour être brisé.
J'aime la pluie,
la foudre,
la boue,
une vaste étendue d'eau,
le fond de la terre,
mais pas moi.
Dans le fond de la terre,
ô ma tombe,
délivre-moi de moi,
je ne veux plus l'être.

Spectre en larmes
ô Dieu mort
œil cave
moustache humide
dent unique
ô Dieu mort
ô Dieu mort
Moi
je te poursuivais
de haine
insondable
et je mourais de haine
comme un nuage
se défait.

Manibus Date Lilia Plenis

GLORIA IN EXCELSIS MIHI

Au plus haut des cieux,
les anges, j'entends leur voix, me glorifient.
Je suis, sous le soleil, fourmi errante,
petite et noire, une pierre roulée
m'atteint,
m'écrase,
morte,
dans le ciel
le soleil fait rage,
il aveugle,
je crie :
« il n'osera pas »
il ose.

Qui suis-je
pas «moi» non non
mais le désert la nuit l'immensité
que je suis
qu'est-ce
désert immensité nuit bête
vite néant sans retour
et sans rien avoir su
Mort
réponse
éponge ruisselante de songe
solaire
enfonce-moi
que je ne sache plus
que   ces   larmes.

Étoile
je la suis
ô mort
étoile de tonnerre
folle cloche de ma mort.

Poèmes
pas courageux
mais douceur
oreille de délice
une voix de brebis hurle
au delà va au delà
torche éteinte.

DIEU

À la main chaude
je meurs tu meurs
où est-il
où suis-je
sans rire
je suis mort
mort et mort
dans la nuit d'encre
flèche tirée
sur lui.

Le Coupable[1]

Trop de jour trop de joie trop de ciel
la terre trop vaste un cheval rapide
j'écoute les eaux je pleure le jour

la terre tourne dans mes cils
les pierres roulent dans mes os
l'anémone le ver luisant
m'apportent la défaillance

dans un suaire de roses
une larme incandescente
annonce le jour.

absence de tonnerre
éternelle étendue des eaux pleurantes
et moi la mouche hilare
et moi la main coupée
moi je mouillais mes draps
et j'étais le passé
l'aveugle étoile morte

chien jaune
il est là lui
l'horreur
hurlant comme un œuf
et vomissant mon cœur
dans l'absence de main
je crie

je crie au ciel que
ce n'est pas moi qui crie
dans ce déchirement de tonnerre
ce n'est pas moi qui meurs

c'est le ciel étoilé
le ciel étoilé crie
le ciel étoilé pleure
je tombe de sommeil
et le monde s'oublie

enterrez-moi dans le soleil
enterrez mes amours
enterrez ma femme
nue dans le soleil
enterrez mes baisers
et ma bave blanche.

Sur Nietzsche[1]

M'exprimant sur l'état que désigne un sobriquet (le pal), j'écris ces quelques lignes en forme de thème de méditation :

Je me représente : un objet d'attrait,
la flamme
brillante et légère
se consumant en elle-même,
s'annihilant
et de cette façon révélant le vide,
l'identité de l'attrait,
de ce qui enivre
et du vide ;

Je me représente
le vide
identique à une flamme,
la suppression de l'objet
révélant la flamme
qui enivre
et illumine.

Et je crie
hors des gonds
qu'est-ce
plus d'espoir

en mon cœur se cache
une souris morte

la souris meurt
elle est traquée

et dans ma main le monde est mort
soufflée la vieille bougie
avant de me coucher

la maladie la mort du monde
je suis la maladie
je suis la mort du monde[1].

Le silence dans le cœur
au coup de vent violent
mes tempes battent la mort
et une étoile tombe noire
dans mon squelette debout

noir
silence j'envahis le ciel
noir ma bouche est un bras
noir
écrire sur un mur en flammes
noires
le vent vide de la tombe
siffle dans ma tête.

Le silence fou d'un pas
le silence d'un hoquet
où est la terre où le ciel

et le ciel égaré
je deviens fou.

J'égare le monde et je meurs
je l'oublie et je l'enterre
dans la tombe de mes os.

Ô mes yeux d'absent
de tête de mort.

Espoir
ô mon cheval de bois
dans les ténèbres un géant
c'est moi ce géant
sur un cheval de bois.

Ciel étoilé
ma sœur
hommes maudits
étoile tu es la mort
la lumière d'un grand froid

solitude de la foudre
absence de l'homme enfin
je me vide de mémoire
un soleil désert
efface le nom

étoile je la vois
son silence glace
il crie comme un loup
sur le dos je tombe à terre
elle me tue je la devine.

Ô les dés joués
du fond de la tombe
en des doigts de fine nuit

dés d'oiseaux de soleil
saut d'ivre alouette
moi comme la flèche
issue de la nuit

ô transparence des os
mon cœur ivre de soleil
est la hampe de la nuit.

INVOCATION À LA CHANCE

Invocation à la chance[1]

Orestie
rosée du ciel
cornemuse de la vie

nuits d'araignées
d'innombrables hantises
inexorable jeu des larmes
ô soleil en mon sein la lame d'un couteau

repose-toi le long de mes os
repose-toi tu es l'éclair
repose-toi vipère
repose-toi mon cœur

et laisse aller au vent tes cheveux d'assassin[2]

★

Chance ô divinité blême
rire de l'éclair

soleil invisible
tonnant dans le cœur
éclatante
déchirure des os

chance nue
chance aux longs bas blancs
chance en chemise de dentelles[1]

*

éperdument
les os noués
mon cœur est froid
ma langue est lourde[2]

La Discorde[1]

Dix cent maisons tombent
cent puis mille morts
à la fenêtre de la nue.

Ventre ouvert
tête enlevée
reflet de longues nuées
images d'immense ciel.

Plus haut
que le haut sombre du ciel
plus haut
dans une folle ouverture
une traînée de lueur
est le halo de la mort.

Un cœur de glace une soupe fumante
un pied sale de sang
la moustache des larmes
une crécelle de mourant.

Flamme de nuit
jambe sciée
cervelle nue et pied nu
le froid le pus la nuée
le cerveau mouchent du sang.

J'ai faim de sang
faim de terre au sang
faim de poisson faim de rage
faim d'ordure faim de froid.

Je me consume d'amour
mille bougies dans ma bouche
mille étoiles dans ma tête

mes bras se perdent dans l'ombre
mon cœur tombe dans le fond
bouche à bouche de la mort[1].

La nuit est ma nudité[1]

La nuit est ma nudité
les étoiles sont mes dents
je me jette chez les morts
habillés de blanc soleil.

★

La mort habite mon cœur
comme une petite veuve
elle sanglote elle est lâche
j'ai peur je pourrai vomir
la veuve rit jusqu'au ciel
et déchire les oiseaux[2].

★

J'imagine
dans la profondeur infinie

l'étendue déserte
différente du ciel que je vois
ne contenant plus ces points de lumière qui
    vacillent
mais des torrents de flammes
plus grands que le ciel
plus aveuglants que l'aube
abstraction informe
zébrée de cassures
amoncellement
d'inanités d'oublis
d'un côté le sujet je
et de l'autre l'objet
l'univers
charpie de notions mortes
où JE jette en pleurant les détritus
les impuissances
les hoquets
les discordants cris de coq des idées
ô néant fabriqué
dans l'usine de la vanité infinie
comme une caisse de dents fausses
JE penché sur la caisse
JE ai
mon envie de vomir en vie
ô ma faillite
extase qui me dort
quand je crie
toi qui es qui seras
quand je ne serai plus

X sourd
maillet géant
brisant ma tête de nuit[1].

L'Être indifférencié n'est rien[1]

I

Chapeau
de feutre
de la mort
le givre
la sœur
d'un sanglot
gai

la blancheur
de la mer
et la pâleur de la lumière
déroberont les ossements

l'absence
de la mort
sourit.

II

Le corps
du délit
est le cœur
de ce délire.

III

Les lois de la saveur
assiègent
la tour de la luxure.

IV

L'alcool
de la poésie
est le silence
défunt.

V

J'ai vomi
par le nez
le ciel arachnéen
mes tempes amenuisées
achèvent de l'amincir
je suis mort

et les lis
évaporent l'eau distillée

les mots manquent

et je manque enfin.

VI

Les mots du poème, leur indocilité, leur nombre, leur insignifiance, retiennent sur le cœur l'instant impalpable, baiser lentement appuyé sur la bouche d'une morte, ils suspendent le souffle à ce qui n'est plus rien.

La transparence de l'être aimé, miraculeuse indifférence, ce qui égare, égaré dans le cristal innombrable de la lumière : n'y penser jamais plus.

VII

L'éclair tue
retourne les yeux
la joie
efface
la joie

effacée
vitre de mort

glacée
ô vitre
resplendissante
d'un éclat qui se brise
dans l'ombre qui se fait

je suis
ce qui n'est pas
j'ouvre

les dents mêlées
des morts
et les grincements de la lumière
qui m'enivre
de l'étreinte
qui s'étouffe
de l'eau
qui pleure
de l'air mort
et de l'âme de l'oubli

mais rien
je ne vois
rien
je ne ris plus
car à force de rire
je transparais

Appendice[1]
(poèmes disparates)

Jusqu'aux bottes dans les yeux
jusqu'aux larmes de la boue
jusqu'aux mains enflées de pus
mène le chemin du défi

des longs râles de la tombe
où siffla une mort sans air
et de l'absence d'espoir
naît l'étoile de la nue.

(novembre 43)

I gave to Limbour a rendez-vous
on the Champs-Élysées
to speak of heaven

I said
heaven is a cat

a third said
heaven is two cats

another said
heaven is a tongue
thicker than a mob.

Je rêvais de toucher la tristesse du monde
au bord désenchanté d'un étrange marais
je rêvais d'une eau lourde où je retrouverais
les chemins égarés de ta bouche profonde

j'ai senti dans mes mains un animal immonde
échappé à la nuit d'une affreuse forêt
et je vis que c'était le mal dont tu mourais
que j'appelle en riant la tristesse du monde

une lumière folle un éclat de tonnerre
un rire libérant ta longue nudité
une immense splendeur enfin m'illuminèrent

et je vis ta douleur comme une charité
rayonnant dans la nuit la longue forme claire
et le cri de tombeau de ton infinité.

En mourant je voudrais tenir
l'objet que tu me donneras
le serrer dans ma main gelée
puis de mes lèvres le souiller
de la bave de l'agonie.

Vêtu de ma sueur de sang
fantôme échevelé de vieille
tes dents le vent les gèlera
alors je les baiserai
tu seras morte.

La profondeur d'une nuit
ensevelit de sa poussière
la grande étoile Boucherie

. . . .

le LAIT du ciel.

DE LA DOULEUR AU LIVRE

(poèmes retrouvés)

Douleur et quatre poèmes[1]

DOULEUR

Douleur
douleur
douleur
ô douleur
ô douleur
ô mes pleurs de poix
ma queue de safran

ô me déculotter
me pisser

★

MADEMOISELLE MON CŒUR

Mademoiselle mon cœur
mise nue dans la dentelle

à la bouche parfumée
le pipi coule de ses jambes

L'odeur maquillée de la fente
est laissée au vent du ciel

un nuage
dans la tête
se réfléchit à l'envers
une merveilleuse étoile
tombe
cœur criant comme la bouche

le cœur manque
un lis est brûlant
le soleil ouvre la gorge.

★

PIPI

Pie mangeuse d'étoiles
fatigue mangeuse de terre
épuisement de tout

ciel rapace
ciel maudit
partisan de l'hôpital

un corbeau sur des échasses
entre dans l'œil[1]

cœur en flammes de rubis
pipi sur ma cuisse nue
poli derrière mouillé
je bande et je pleure

aile noire de la tombe
politesse du caveau[2].

★

À LA ROMAINE

À la romaine
un cœur de veau
la barbe en pointe
et le gland rose.

★

RIRE

Rire et rire
du soleil
des orties
des galets
des canards

de la pluie
du pipi du pape
de maman
d'un cercueil empli de merde.

Je mets mon vit... [1]

Je mets mon vit contre ta joue
le bout frôle ton oreille
lèche mes bourses lentement
ta langue est douce comme l'eau

ta langue est crue comme une bouchère
elle est rouge comme un gigot
sa pointe est un coucou criant
mon vit sanglote de salive

ton derrière est ma déesse
il s'ouvre comme ta bouche
je l'adore comme le ciel
je le vénère comme un feu

je bois dans ta déchirure
j'étale tes jambes nues
je les ouvre comme un livre
où je lis ce qui me tue [2].

Ô crâne... [1]

Ô crâne anus de la nuit vide
ce qui meurt le ciel le souffle
le vent apporte l'absence à l'obscurité

Déserte un ciel fausse l'être
voix vide langue pesante de cercueils
l'être heurte l'être
la tête dérobe l'être
la maladie de l'être vomit un soleil noir de cra-
    chats.

La chemise soulevée à travers
l'eau fleurie de poils
quand le bonheur sale lèche la laitue
le cœur malade
par la pluie à la lumière vacillante de la bave
    elle rit aux anges.

Onze poèmes retirés
de L'Archangélique[1]

ma folie et ma peur
ont de grands yeux morts
la fixité de la fièvre

ce qui regarde dans ces yeux
est le néant de l'univers
mes yeux sont d'aveugles ciels

dans mon impénétrable nuit
est l'impossible criant
tout s'effondre[2]

*

almanach de lessive d'encre
immortalité de poète velu
poésie cimetière d'obésité

adieu blanquettes grivoises
doux morts costumés en femmes nues

adieu mensonge sommeils

★

prurit infini de fourmis arrestation[1]
tri de papiers moustaches en poussière
wagonnets de fièvre

colonnade de pluie folle
claquements de linceuls souillés
funèbre impudeur des humains os

là une foule amoncelle des boîtes de peut-être
un gendarme en chemise du haut d'un toit
gesticule une faux le Démon[2]

★

je t'égare dans le vent
je te compte chez les morts
une corde nécessaire
entre le vent et le cœur

★

Je n'ai rien à faire en ce monde
sinon de brûler
je t'aime à en mourir

ton absence de repos
un vent fou siffle dans ta tête
tu es malade d'avoir ri
tu me fuis pour un vide amer
qui te déchire le cœur[1]

déchire-moi si tu veux
mes yeux te trouvent dans la nuit
brûlés de fièvre[2].

★

J'ai froid au cœur je tremble
du fond de la douleur je t'appelle
avec un cri inhumain
comme si j'accouchais

tu m'étrangles comme la mort
je sais cela misérablement
je ne te trouve qu'agonisant
tu es belle comme la mort

tous les mots m'étranglent

★

étoile perce le ciel
crie comme la mort
étrangle

je ne veux pas la vie
m'étrangler c'est doux
l'étoile qui se lève
est froide comme une morte

*

bande-moi les yeux
j'aime la nuit
mon cœur est noir

pousse-moi dans la nuit
tout est faux
je souffre

le monde sent la mort
les oiseaux volent les yeux crevés
tu es sombre comme un ciel noir

*

la fête commencera
dans la boue et dans la peur

les étoiles tomberont
quand la mort approchera.

*

Tu es l'horreur de la nuit
je t'aime comme on râle
tu es faible comme la mort

je t'aime comme on délire
tu sais que ma tête meurt
tu es l'immensité la peur

tu es belle comme on tue
le cœur démesuré j'étouffe
ton ventre est nu comme la nuit[1].

★

Tu me mènes droit vers la fin
l'agonie a commencé
je n'ai plus rien à te dire
je parle de chez les morts
et les morts sont muets.

Poèmes éliminés [1]

LES MAISONS

Dix cent maisons tombent
cent puis mille morts
à la fenêtre de la nue [2]

une douleur vide
enfilade d'ombres
cette nuit s'étend étouffe

les yeux de ces morts
épuisent le cœur
tête aveugle aphone
démence sans être.

★

À même le trou des étoiles
à même une nuit d'encre

à même l'œil éteint
à même un grand silence
à même le château hanté de la mémoire
à même un cri de folle
à même l'angoisse à même la tombe

à même l'aube de ma mort.

★

L'OSSUAIRE

La force de la vie et le malheur du froid
la dure bêtise de l'homme
sachant la loi de son couteau
la tête avare de l'extase

un cœur de glace une soupe fumante
un pied sale de sang
la moustache des larmes
une crécelle de mourant[1].

★

LE MUR

Une hache
donnez une hache
afin que je m'effraie

de mon ombre sur le mur
ennui
sentiment de vide
fatigue.

★

LE PARVIS

Bonnet de nuit
vase de nuit
un bas rouge un ratelier

mitre d'or
un ciel gelé
mange le mou du chat perché.

★

Visage sans fin
de Dieu
ce monsieur
et sa dame
etc.
j'en meurs
et vous[1].

★

LE CHÂTEAU

Mes petites douleurs
à la nuit me déchirèrent
déchirées en grandes ruines
au sommet d'un rocher chauve

une muraille croulante
escalade le ciel noir
élevant la pierre morte
d'une tour épouvantable.

*

LE GIVRE

Mon amante la mort
étoile de chaux vive
cœur de glace cœur d'eau
cœur aux cheveux de givre
étoile de cendre
silence sans lèvres[1].

*

LA FENÊTRE[1]

Petit oiseau
mille couleurs
une mort emplit le ciel

un corbeau plat[2]
les yeux morts
le vent arrache le ciel

chuchotement
d'une morte
la folie ouvre le ciel.

*

Masse de terre dans le ciel
silence signe de néant
montagne herbeuse endormante jaunie
chute de l'être dans la nuit

je me cache dans tes ombres
et je mange à ton soleil
mon squelette transparaît
dans la lumière du jour

un sentiment de terreur
resserre doucement la gorge
il glace lentement le cœur.

★

LE SOL

J'aime la cendre le mâchefer
une tête de dure pierre
et l'insistance de ma vie

les mains violacées
les rires dans le froid
et le couteau rouge des dents[1].

★

LE SÉMINAIRE

Trente âmes noires
les mâchoires gelées
trente ânes noirs
les mâchoires pelées

une étoile morte
chante un psaume miserere
une bouche morte
crache une âme miserere

un ciel d'âne
éternue un cri de peur
où mon âme
a craché le cri de cœur.

*

Rire d'oiseaux boue de sang
fracas de glace des dents
ordure cri vomissement
tête basse dans l'horreur.

*

Terre tourne tourne terre
un tour de putains de bois[1]
soleil rouge soleil noir
roses blanches roses roses

roses de tombes
tournis de roses
putains de tombes
tournis de tombes.

*

Crâne fêlé
ville en feu

ciel de suie
femme velue

au lapin écorché
le nez goutte[1].

★

LE MASQUE

Mort masquée de papier gras
fuir l'excès de ce silence
amuser la puanteur.

★

L'ÉGLISE

Bise d'hiver
ô ma mourante sœur
lueur de loup morsure de la faim
pierre du gel à même le cœur nu

ah crachat de l'indifférence
ah ciel d'insulte à tous les cœurs
ah froid plus vide que la mort.

Le loup soupire[1]...

Le loup soupire tendrement
dormez la belle châtelaine
le loup pleurait comme un enfant
jamais vous ne saurez ma peine
le loup pleurait comme un enfant

La belle a ri de son amant
le vent gémit dans un grand chêne
le loup est mort pleurant le sang
ses os séchèrent dans la plaine
le loup est mort pleurant le sang.

Poèmes érotiques [1]

INSIGNIFIANCE

J'endors
l'aiguille
de mon cœur
je pleure
un mot
que j'ai perdu
j'ouvre
le bord
d'une larme
où l'aube
morte
se tait [2].

★

LE PETIT JOUR

J'efface
le pas
j'efface
le mot
l'espace
et le souffle
manquent.

★

LA TERRE

Le mort
saisit le vif

et l'oiseau ferme la marche[1].

★

LA LESSIVE[2]

La lune
est le savon
des tuyaux grêles
de ma voix.

★

J'ouvre les jambes
à la langue de bœuf
de la fourrure

Une longue pine crachait
dans l'église de mon cœur[1].

*

mon petit trou est l'autel
dont la nappe sont les chiottes

*

Du soleil mort illuminait l'ombre velue
d'une traînée de foutre amer
le chapeau de ta langue aux yeux de sang.

*

Gonflée comme une pine ma langue
dans ta gorge d'amour rose.

Ma vulve est ma boucherie
le sang rouge lavé de foutre
le foutre nage dans le sang[2].

Dans mes bas mauves le parfum de pomme
le panthéon de la bitte majestueuse
un cul de chienne ouvert
à la sainteté de la rue.

L'amour chevelu de ma jambe
un panthéon de foutre[1]

Je dors
la bouche ouverte dans l'attente
d'une pine qui m'étrangle
d'un jet fade d'un jet gluant[2].

L'extase qui m'encule est le marbre
de la verge maculée de sang.

Pour me livrer aux vits
j'ai mis
ma robe à fendre l'âme[3].

★

L'oiseau
des bois
et la solitude
de la forêt[4].

★

LA FOUDRE[1]

Le canon tonne dans le corps
et la foudre dans l'œil de bronze
a la nudité de l'ordure.

SOLITUDE

Le pouce dans le con
le ciboire sur les seins nus
mon cul souille la nappe de l'autel
ma bouche implore ô christ
la charité de ton épine.

NUIT BLANCHE

S'étrangler
rabougrir une voix
avaler mourante la langue
abolir le bruit
s'endormir
se raser
rire aux anges.

NUIT NOIRE

Tu te moqueras de ton prochain comme de toi-
même

Tirez l'amour de l'oie
de la rate des grands hommes

L'oubli est l'amitié de l'égorgé

Révérence parler
je m'en vais.

LE GLAS

Dans ma cloche voluptueuse
le bronze de la mort danse
le battant d'une pine sonne
un long branle libidineux[1]

LE CHAUVE

Le trou de ta pine est le rire
dont les couilles sont l'aurore[2].

Coryphea[1]

Malheur! le sang coule de mes seins, mon
gosier s'ouvre à la mort sur un mauvais rou-
coulement... Je donne ma vie aux sourires
sournois du plaisir : il est l'odeur enivrante de
l'argent. Laisse une dernière étreinte donner à
tes reins la robe gluante de la mort.

Cinq poèmes de 1957[1]

MON CHANT

J'emplis le ciel de ma présence
Mon cri n'est pas celui
d'un grand oiseau
qui perce l'aube
mon chant n'est pas celui des
cigales emplissant les nuits d'été
ma plainte n'est pas celle des
agonisants dans le vide
qui suit un bombardement
elle déchire
Je ne meurs pas je ne suis rien
sais-je pas ce qu'est ce cri
Il ouvre les nuages
Je ne ris pas
jamais je ne pleure
je hurle[2]
J'ouvre le ciel
comme on ouvre la gorge

des mourants
je suis calme
comme un taureau
qui meugle sous la pluie
Je ne suis pas un homme
je meugle
je suis plus idiot que la foudre
qui éclate de rire
je veux faire un vacarme
si grand
qu'on ne s'entendra plus

LA MARSEILLAISE DE L'AMOUR

Deux amants nus chantent la Marseillaise
deux baisers sanglants leur mordent le cœur
les chevaux ventre à terre
les cavaliers morts
village abandonné
l'enfant pleure
dans la nuit interminable

LA VALSE BRUNE

Le Caméléon
tient l'accordéon
guitare
ta corde casse
la noce emplie de marc

et la valse meurt
au chant des Libera nos

C'EST LA DANSE NOUVELLE

Quand les bourriques
meurent du choléra
le sanglot des bourriques
est un sanglot de veuve
et la veuve
elle songe à ses amours
pleurez pleurez
jusqu'à la fin du monde
songez songez
à nos amours défuntes
il n'est pas temps de braire
aujourd'hui
mais demain
tous les ânes du monde
dansent le choléra

[LE TROTTOIR DE DANAÏDE][1]

Ma putain
mon cœur
Je t'aime comme on chie
Trempe ton cul dans l'orage
entourée d'éclairs
C'est la foudre qui te baise

un fou brame dans la nuit
qui bande comme un cerf
Ô mort je suis ce cerf
que dévorent les chiens
La mort éjacule en sang

La Tombe de Louis XXX[1]

La lie
l'épuisement d'un cœur horrible
l'âcre
la douce intimité du vice

le CIEL *inversé dans tes yeux.*

*

Tombeau de vent
tombeau de fleuve

ma mort fausse ma voix
qui ne peut parvenir

qu'à la douleur des dents

petite fleur
tu le sais petite oreille

à quel point
j'ai peur de la merde.

*

À la nuit
regarder le ciel
avec la fente du derrière[1].

*

La blessure est fraîche
elle défigure
le rouge ruisselle
la coupure bande

il n'y a plus d'œil
c'est moi.

Absence de remords[1]

J'ai de la merde dans les yeux
J'ai de la merde dans le cœur
Dieu s'écoule
rit
rayonne
enivre le ciel
le ciel chante à tue-tête le ciel chante
la foudre chante
les yeux secs
le silence cassé de la merde dans le cœur

Si un gland jouissant engendrait l'univers, il le
*   ferait comme il est; on aurait, dans la transpa-*
*   rence du ciel, du sang, des cris, de la puanteur.*
Dieu n'est pas un curé mais un gland :
papa est un gland.

ma fêlure est un ami
aux yeux de vin fin

et mon crime est une amie
aux lèvres de fine

je me branle de raisin
me torche de pomme

Dans le halo de la mort[1]

Dans le halo de la mort
les rues ont des chevaux
aux crinières de *vit* nu

Tombeau de vent
tombeau de fleuve

ma mort fausse ma voix
qui ne peut parvenir

qu'à la douleur des dents.

Petite fleur
tu le sais petite vieille
à quel point
j'ai peur de la merde

Acéphale [1]

ô OBJET
que tu es vide
de moi

ô OBJET
serais-tu vide
de toi

es tu
le fantôme immensément vide
des imaginations calmes

le fantôme décrète
d'une voix fausse

MALHEUR À
QUI ENTEND DES VOIX

LE LIVRE

Je bois dans ta déchirure
et j'étale tes jambes nues
je les ouvre comme un livre
où je lis ce qui me tue[1].

DOSSIER

BIO-BIBLIOGRAPHIE

1897. *10 septembre* : naissance de Georges Albert Maurice Victor Bataille à Billom, Puy-de-Dôme. Son père syphilitique est aveugle.

1900. Le père est atteint de paralysie générale.

1901-1913. La famille s'installe à Reims. Georges y fréquente le lycée de garçons jusqu'en janvier 1913. Il est un très mauvais élève. Les souffrances de son père sont atroces. Leur spectacle, dira Bataille, l'a détraqué pour la vie.

En octobre 1913, lycée d'Épernay, devient un bon élève.

1914. Obtient son baccalauréat, première partie, se convertit au catholicisme, se fait baptiser. En août, quitte Reims pour Riom-ès-Montagnes avec sa mère en laissant le père aux soins d'une femme de ménage.

1915. Obtient son baccalauréat de philo. Le père meurt le 6 novembre. Va aux obsèques à Reims avec sa mère.

1916. Mobilisé puis réformé à la suite d'une grave maladie pulmonaire.

1917. Revient à Riom. Mène une vie très pieuse. «C'est alors un saint», dira l'un de ses amis. S'inscrit au séminaire de Saint-Flour, y passe l'année scolaire 1917-1918.

1918. Fait imprimer son premier livre *Notre-Dame de*

153

Rheims, plaquette dont on ne découvrira l'existence que plusieurs années après sa mort. Abandonne le séminaire, prépare le concours de l'École nationale des chartes, où il est admis le 8 novembre. S'installe à Paris. Livre de chevet : *Le Latin mystique* de Remy de Gourmont.

1920. Découvre l'importance du rire, la clé du fond des mondes. Toujours pieux, se confesse toutes les semaines.

1921. Se lie d'amitié avec Alfred Métraux. Lit Proust.

1922. Soutient sa thèse : *L'Ordre de chevalerie, conte en vers du XIIIᵉ siècle, introduction et notes*. Nommé archiviste-paléographe le 10 février. Séjour à Madrid. Se passionne pour la corrida. Le 7 mai, assiste à la mort du jeune torero Manolo Granero, une corne plantée dans l'œil. Le 10 juin, nommé bibliothécaire stagiaire au département des Imprimés de la Bibliothèque nationale, revient à Paris.

1923. Découvre Freud. Fréquente Léon Chestov qui l'initie à la philosophie. Collabore à la traduction de *L'Idée de bien chez Tolstoï et Nietzsche* de Chestov.

1924. Nommé bibliothécaire au département des Médailles de la Bibliothèque nationale. Rencontre Michel Leiris qui l'introduit dans le groupe de la rue Blomet, où il se lie d'amitié avec André Masson.

1925. Hostile au surréalisme. Commence une analyse avec Adrien Borel, qui lui communique les photos du supplice des Cent Morceaux. La contemplation de ces photos sera pour lui «décisive». Il n'a plus la foi. Il se débauche systématiquement, buvant, jouant, fréquentant les bordels. Il suit les cours de Marcel Mauss. Lit Hegel.

1926. Écrit son premier livre *W.C.* puis le détruit sauf un chapitre *Dirty* qui servira plus tard d'introduction au *Bleu du ciel*. Découvre Sade.

1928. Épouse Sylvia Maklès, son témoin est Michel Leiris. Publie *Histoire de l'œil* sous le pseudonyme de Lord Auch, édition clandestine : 134 exemplaires avec huit lithographies d'André Masson non signées.

1929. Secrétaire général de la revue *Documents* qui va lui

permettre d'être l'animateur anti-idéaliste de l'opposition au surréalisme.

1930. *15 janvier* : mort de sa mère. Publication de *Un cadavre*, pamphlet contre Breton. Lit Marx, Stirner, Trotski et Plekhanov.

1931. Fin de *Documents* après quinze numéros. Rencontre Boris Souvarine et entre au Cercle communiste démocratique. Collabore à *La Critique sociale* qui en est à son numéro 3. Publie *L'Anus solaire* avec des pointes sèches d'André Masson.

1933. Publie son article « La Notion de dépense » dans *La Critique sociale*, numéro 7 puis dans les numéros 10 et 11 « La Structure psychologique du fascisme », textes majeurs et fondateurs. Accueille Walter Benjamin à Paris.

1934. Suit le séminaire d'Alexandre Kojève sur la *Phénoménologie de l'esprit* de Hegel. « Se dépense jusqu'à toucher la mort à force de beuveries, de nuits blanches et de coucheries. » Se sépare de sa femme, Sylvia. Se lie avec Colette Peignot (Laure). Amitié avec Pierre Klossowski.

1935. Termine *Le Bleu du ciel* qu'il ne publiera qu'en 1957. S'allie avec Breton pour lancer Contre-Attaque afin de s'opposer à la montée du fascisme.

1936. Tracts et réunions sous l'égide de Contre-Attaque, puis rupture avec les surréalistes et dissolution du mouvement. En avril, à Tossa de Mar, chez Masson, il rédige le programme de la société secrète et de la revue *Acéphale* dont le premier numéro paraît le 24 juin. Publie en décembre *Sacrifices* avec cinq eaux-fortes de Masson.

1937. Crée le Collège de sociologie avec Michel Leiris et Roger Caillois, séance inaugurale le 20 novembre.

1938. *7 novembre* : mort de Colette Peignot. Crise profonde.

1939. En juin, dans le numéro 5 d'*Acéphale*, publie anonymement « La Pratique de la joie devant la mort ». Commence à écrire *Le Coupable*.

1941. Rencontre capitale de Maurice Blanchot. Écrit *Madame Edwarda* qu'il publie sous le pseudonyme de Pierre Angélique. Commence *L'Expérience inté-rieure*.

1943. Publie *L'Expérience intérieure* aux éditions Galli-mard. S'installe à Vézelay, y rencontre en juin Diane Kotchoubey de Beauharnais. Publie *Le Petit* sous le pseudonyme de Louis Trente. Article de Sartre «Un nouveau mystique» violemment critique à pro-pos de *L'Expérience intérieure*.

1944. Publie *Le Coupable* aux éditions Gallimard et *L'Ar-changélique* aux éditions Messages. Nombreuses discussions avec Jean-Paul Sartre.

1945. Publie *Sur Nietzsche, volonté de chance* et *Memoran-dum* aux éditions Gallimard. S'installe avec Diane à Vézelay où ils résideront jusqu'en 1949.

1946. Crée la revue *Critique* dont le numéro 1 paraît en juin.

1947. Publie *Méthode de méditation*, aux éditions Fontaine et *La Haine de la poésie*, aux éditions de Minuit.

1948. Naissance de Julie, sa fille née de Diane.

1949. Publie *La Part maudite I*, essai d'économie géné-rale, aux éditions de Minuit. Reprend son emploi de bibliothécaire et est nommé conservateur de la bibliothèque Inguimbertine de Carpentras.

1950. Publie *L'Abbé C.* aux éditions de Minuit. Préface la *Justine* de Sade.

1951. Épouse Diane. Est nommé conservateur de la Bibliothèque municipale d'Orléans et y fait un tra-vail considérable de rénovation.

1954. Réédite chez Gallimard *L'Expérience intérieure* comme tome I de la *Somme athéologique*.

1955. Publie *Lascaux ou la Naissance de l'art* et *Manet* aux éditions Skira. A de graves problèmes de santé. Diagnostic : artériosclérose cérébrale.

1957. Publie *Le Bleu du ciel* chez Jean-Jacques Pauvert, *La Littérature et le Mal* chez Gallimard, *L'Érotisme* aux éditions de Minuit. Ces trois éditeurs organisent un hommage pour célébrer ses soixante ans.

1959. Publie au Club français du livre *Le Procès de Gilles de Rais*, introduction et annotations des textes des deux procès.

1960. État de santé de plus en plus mauvais et périodes de dépression.
1961. *17 mars* : vente de solidarité en l'Hôtel Drouot de peintures, aquarelles, dessins de ses amis : Arp, Bazaine, Ernst, Fautrier, Giacometti, Masson, Michaux, Miró, Picasso, Tanguy, etc. dont le produit va lui permettre d'acquérir un appartement rue Saint-Sulpice. Parution en juin chez Jean-Jacques Pauvert de *Les Larmes d'Éros*.
1962. S'installe le 1er mars rue Saint-Sulpice et y meurt le 2 juillet au matin. Il est inhumé à Vézelay.

NOTES ET VARIANTES

Page 21.   *L'Archangélique*

Notre édition de *L'Archangélique* est établie à partir de celle que donna Georges Bataille sous le même titre aux éditions Messages (achevé d'imprimer le 30 avril 1944 ; tirage 113 exemplaires, tous hors commerce). La première partie de *L'Archangélique*, « Le Tombeau », avait connu, sous le titre *La Douleur*, une pré-publication dans le volume anthologique intitulé *Domaine français* (Messages / 1943 / Éditions des Trois-Collines / Genève-Paris). Nous indiquons à leur place toutes les variantes entre ce texte et sa nouvelle version dans *L'Archangélique*.

Les manuscrits de *L'Archangélique* sont classés en trois groupes dans l'inventaire des papiers de Georges Bataille :

1) un ensemble de 48 pages (boîte 9.J.) comprenant :

a) un manuscrit complet et net du « Tombeau », précédé de cette mention : « doubles de *L'Archangélique* à détruire » (ff° 1 à 23) ; on trouve à la fin des copies en double de trois des poèmes (ff° 19 à 23) ;

b) un manuscrit incomplet du « Tombeau » et de « L'Aurore », qui semble un premier état (ff° 24 à 33) ;

c) une copie au net du premier poème de « L'Aurore » : « Crache le sang... » (f° 34) ;

d) une série de brouillons difficilement déchiffrables

avec de nombreuses versions répétées des mêmes poèmes (ff° 35 à 46);

e) une copie au net des poèmes : «Ma sœur riante, tu es la mort...» et «Seule, tu es la vie...», qui font partie de «L'Aurore» (ff° 47 et 48).

2) Un ensemble de 56 pages (dit Ms³ dans l'inventaire) comprenant :

a) un manuscrit complet de *L'Archangélique* probablement mis au net pour la publication (ff° 1 à 33) et daté pour l'ensemble «août à décembre 1943»;

b) quelques «poèmes non publiés (d'octobre 1943 à avril 1944)», où alternent des brouillons et des copies sans ratures (ff° 34 à 44);

c) une liasse de brouillons, avec notamment ce qui doit être le premier jet du «Tombeau» (ff° 45 à 56).

3) Une petite série de brouillons assez disparates où l'on trouve des poèmes et des plans d'ouvrages (CAR 4, ff° 11 à 19, d'après l'inventaire).

Pour simplifier, nous avons adopté dans les notes les abréviations suivantes :

$$
\begin{array}{ll}
1\ a = Ms^2 & 2\ a = Ms^3 \\
1\ b = Ms^1 & 2\ c = B \\
1\ d = b & 3 = CAR \\
\end{array}
$$
Domaine français = D.F.

LE TOMBEAU

Page 26.

1. Dans B, les trois premiers vers sont précédés de trois autres surchargés de ratures :

> *Une forêt devant la vitre*
> *il pleut sur la vitre du train*
> *le soleil a levé la tache (?)*

remplacés par :

> . . .
> *la pluie à la vitre d'un train*
> *le soleil levant la tache*

puis le tout rayé.

Vers 1-3. Dans B :

> *l'immensité criminelle*
> *l'immensité œuf cassé*
> *l'absence de limitation*

puis : *immensité criminelle*
> *vase fêlé de l'immensité*
> *dégât sans limite*

Dans Ms[1], Bataille a hésité dans le dernier vers entre *ruine* (supprimé deux fois puis rétabli) et *mort*.

V. 4-6. Dans B, Bataille a écrit d'abord :

> *ce qui me pèse sur le front est mou*

puis : *ce qui me pèse sur la tête est mou*
> *je ne suis pas l'univers mais je suis mou*

puis : *l'univers qui m'accable est mou*

et les deux vers suivants comme ici.

V. 9. Dans B :

> *mais l'immensité me déchire aussi*

corrigé en :

> *mais l'immensité me déchire*

qu'on retrouve dans tous les manuscrits et dans D.F.

Partout également, ce dernier vers est suivi d'un blanc, d'un astérisque ou d'un chiffre 2 indiquant que ces trois premières strophes constituent un poème.

V. 11-12. Dans B :

> *ceux qui liront mes livres*
> *dans des tunnels de . . .* [un mot illisible]

puis : *des aveugles liront mes livres*
puis : *des aveugles liront mes lignes*
> *en d'interminables tunnels*

Dans Ms[1] *mes lignes* est corrigé en *ces* lignes.

V. 13-15. Dans B :

> *l'immensité tombe en elle-même*
> *elle est plus folle que la mort*

le texte est ensuite fixé comme ici sauf :

> *elle est plus noire que la mort*

Dans Ms[1], que *la* mort est rectifié en : que *ma* mort.

V. 16-18. Dans B :

> *le soleil est la nuit*
> *la beauté d'un ange est le fond des caves*
> *la lueur un instant dans l'interminable nuit*

160

le dernier vers devenant :

éblouissement d'un instant dans la nuit sans retour

Dans Ms[1] (très raturé) :

le soleil est noir
la beauté d'une fille est le fond des caves le cri
d'une obscurité sans appel

puis : *de ténèbres définitives*

Ms[2] reprend d'abord Ms[1] puis le corrige pour en arriver à la version définitive, sauf cette légère variante :

la beauté d'un être est le fond des caves le cri

qu'on retrouve aussi bien dans Ms[3] que dans D.F.

Par ailleurs, le troisième vers redevient « de ténèbres définitives » dans D.F.

V. 19-21. Dans B, Bataille avait commencé par écrire :

ce qui aime est la nuit
ce qui

puis après avoir fixé le premier vers :

le frisson dont elle est malade

puis : *le frisson dont elle est glacée*
est la hâte de la nuit

Dans Ms[1], le deuxième vers devient successivement :

le frisson qui la glace
. . . . . .dont elle vibre
. . . . .est vibrante
. . . . .tremble
. . . . .est glacée
est la chute dans la nuit

Dans Ms[2], le deuxième vers passe également par toute une série de versions successives :

la fièvre dont elle tremble
. . . . . qui la glace jusqu'aux os
les frissons dont elle est glacée
. . . . .froide
. . . . .glaçante
. . . . .transie

tandis que le troisième repris d'abord de Ms[1] devient :

est une volonté de nuit sans fond

Puis la strophe définitive apparaît au net au-dessous de tous ces essais.

D.F., par contre, opte pour :

> *le frisson qui le glace*
> *est la hâte de la nuit*

Page 27.

1. V. 3. B :

> *à mon exécrable mensonge*

Ms¹ d'abord comme B, puis successivement :

> *à mes mensonges puérils*
> . . . . *éculés (?)*
> . . . . *insensés*

Ms², Ms³ et D.F. :

> *à mes mensonges insensés*

V. 4-6. Dans B, les corrections doivent se succéder ainsi :

> *je mens parce qu'il ment*
> *que le mensonge et moi*
> *disons la vérité*

puis : *je mens car il ment*
> *car la nature et moi*
> *flétrissons la vérité*

puis : *car l'immensité et moi*
> *étranglons la vérité*

puis : *car l'immensité et moi*
> *faisons mentir le vrai*

et : *se mentent l'un à l'autre*

Dans Ms¹, Bataille écrit d'abord :

> *je mens car il ment*
> *l'immensité et moi*
> *nous dénonçons l'un l'autre comme mensonges*

puis il en arrive à la version définitive à cette variante près que l'on retrouve dans Ms², Ms³ et D.F. :

> *dénonçons l'impudence l'un de l'autre*

V. 7-12. La première version de B semble avoir été :

> *vérité sucrée*
> *qui ment comme on meurt*
> *la vérité n'est qu'un mensonge*

en surcharge vient ensuite :

> *la vérité est morte*
>
> . . . .

puis la version définitive.

Page 28.

1. V. 1-3. B :

> *la vérité n'est que le non-amour*
> *et tout ment dans l'absence d'amour*
> *rien n'est en ce monde qui ne soit mensonge*
> [*enivré de l'être*
> . . . . *heureux de l'être*
> . . . . *ne mente*

V. 6. B :

> *égoïste* corrigé ensuite pour :
>
> *et n'aime pas.*

V. 7-9. B :

> *l'amour est la parodie du non-amour*
> *la vérité, la parodie du mensonge*
> *l'univers, un suicide comique*

Ms¹ d'abord identique à B puis corrigé ainsi :

> *amour, parodie du non-amour*
> *vérité, parodie du mensonge*
> *univers, un suicide gai*

Ms² comme dans la version définitive sauf :

> *l'univers, un suicide gai*

Ms³ cette strophe et la suivante sont fondues ensemble et abrégées ainsi :

> *l'amour est parodie du non-amour*
> *l'immensité tombe en elle-même*
> *ne sachant que faire*

D.F. comme dans la version définitive sauf :

> *l'amour, parodie du non-amour*

V. 10-12. B :

> *l'immensité tombe en elle-même*
> *l'immensité ne sait que faire d'elle-même*

Ms¹ : *ne sachant plus que faire*

puis le *plus* est supprimé.

Page 29.

1. V. 1. B :

> *à d'autres yeux tout semble réglé*
> . . . . *en ordre*

puis : *tout semble à d'autres en paix*

Ms¹ d'abord comme B, puis version définitive.

V. 5-6. B :

> *il n'est plus rien en moi qui me sépare de lui*
> *c'est pourquoi je* [un mot illisible] *nous nous heurtons*

puis la version définitive.

V. 7-9. B :

> *S'il est calme, je ne puis l'être*
> *je l'entraîne à la conquête de la mort*

Suivent une dizaine de vers chargés de ratures et pratiquement illisibles au long desquels Georges Bataille cherche le vers qui lui manque pour clore sa strophe. On déchiffre :

> *glissant ainsi*
> *dans le calme infini*
> *il atteint la mort par un côté de son*
> *existence*
> > *de tous côtés dans l'impossible*
> > *à part dans l'infini*
> *l'immensité touche à l'impossible immensément*
> > *révulse la lumière*
> *la lumière*
> > *glissant à l'impossible immensément*

Ms¹ : *où les lois se révèlent*
. . . . . . *l'enchaînent*

Page 30.

1. La première strophe était précédée d'une autre dans B, Ms¹, Ms² et D.F. :

B : *toute la jouissance est coupable*
puis : *coupable est la jouissance*
jouir en paix nourrit le remords

Ms¹ : *coupable est la jouissance paisible*
coupables sont les plaisirs sans larmes

164

> . . . . *paisibles*
> . . . . *calmes*
> *jouir en paix*
> *. . . sans cris*
> *engendre le remords*
> *nourrit . . . .*

Ms² : *coupables sont les plaisirs calmes*
> *jouir sans cris*
> *nourrit le remords*

D.F. comme Ms².

V. 1-3. Dans B, on déchiffre successivement :

> *l'ombre qui nous hante*
> *. . . . . . . hante l'homme est l'horreur*
> *je sens l'horreur*
> *horreur*

pour le premier vers, le second restant :

> *d'un monde tournant sur lui-même en rond*

tandis que le troisième est d'abord :

> *je ne désire aller que toujours plus loin*

puis comme dans la version définitive :

> *l'objet du désir est plus loin*

Ms¹ reprend le deuxième vers de B, puis y supprime *sur lui-même* trouvant ainsi la version définitive.

V. 4-6. B :

> *la gloire de l'homme*
> *est quelque grande que soit sa gloire*
> *d'en désirer plus*

puis : *la gloire de l'homme est*
> *quelque grande qu'elle soit*
> *d'en vouloir une autre*

V. 7-9. Les corrections successives de B ne sont pas identifiables. On ne déchiffre clairement que :

> *je suis jeté*
> *le monde est avec moi*
> *jeté (?) dans l'au-delà du possible*
> *poussé . . . .*
> *. . . . . par delà le possible*

Ms¹ est également très raturé, seule est à peu près lisible, en surcharge, la version définitive.

V. 10-12. Dans B, à part le premier vers : *l'homme est la nuit*, on ne peut déchiffrer que des mots sans suite : *s'enfonce... où glisse... où tombe l'immensité... seul... immense... sans bornes... puéril... il est seul... il est puéril.*

Ms¹ :   *et seul petit enfant*
                 l'homme est la nuit
                 où s'enfonce l'immensité

au-dessous, rayé :

                 il est seul enfant
                 il est le plus petit enfant

Ms² comporte un premier essai, complètement supprimé, où l'on peut lire successivement :

                 et seul petit enfant
                 je ne suis que le
                 l'homme est [deux mots illisibles] *rire*
                 et la nuit enfantine
                 où s'enfonce l'immensité
                 ... sombre . . . .
                 ... a sombré . . . .

Vient ensuite une première rédaction de la strophe définitive :

                 je ne suis que le rire
                 et la nuit enfantine
                 . . . . . . puérile
                 où s'abîme l'immensité
                 ... tombe . . . .

Ms³ :   *je ne suis qu'un rire*
                 qu'une nuit enfantine
                 où l'immensité sombre

D.F. :   *et seul petit enfant*
                 l'homme est la nuit
                 où s'enfonce l'immensité

Page 31.

   1. V. 3. B :
                 l'ombre inférieure
                 . . . . . sans air

166

V. 6. B :

> *se perdent sans cesse*
> . . . . *finir*

V. 9. B :

> *de l'univers*

puis :   *du ciel étoilé*

et :   *du ciel*

Page 32.

1. Dans B, on trouve une première version très diffé-
rente mais entièrement supprimée :

> *je n'aime plus*
> *le dé*
> *je n'aime plus rien*
>
> *l'éclat du soleil*
> *est l'excès*
> *de ma nuit froide*
>
> *je suis le non-amour*
> *le sommeil*
> *où le ciel tombe*

Suit le début d'une deuxième version abandonnée :

> *les dés tombent de la nuit*
> *l'éclat du soleil est l'excès*

puis une troisième version plus proche de la définitive :

> *l'excès de la nuit froide*
> *est l'éclat du soleil*
> *l'absence de l'amour rayonne*
>
> *les dés tombent de la mort*
> *et l'éclat de la jubilation*
> *est la nausée*

Enfin des surcharges transforment successivement les
vers de cette dernière strophe :

> *les dés jaillissent de la mort*
> *et la mort des cieux jubile*
> *.. le fond* . . . .

> *des pincements de mon cœur*
> *du froid qui dure en mon cœur*

Au-dessus figure la date *Vézelay, août 43*, qui est donc la date de la composition de la première partie du « Tombeau ».

Ms¹ présente d'abord une première version extrêmement raturée de la première strophe. On déchiffre dans l'ordre :

> *l'excès de la nuit froide*
> *est l'éclat de l'étoile*
> *les tombeaux jettent leur dé*
> *la tombe a jeté le dé*
> *se sachant dans la tombe*
> *la tombe joue le dé*
> *le fond des cieux jubile*
> *du froid qu'il fait dans les cœurs*
> *. . . . . glaçant le cœur*

Suit une deuxième version que les ratures ont rendue illisible, mais où apparaît en surcharge la version définitive, seule déchiffrable.

Ici prennent fin Ms¹ et D.F.

Page 33.

1. Il existe dans Ms² trois copies de ce poème (9.J. ff⁰ 11, 19 et 20).

V. 4. Dans Ms²ᵇⁱˢ, *ruisseaux* est rayé et remplacé par *torrents*; dans Ms²ᵗᵉʳ, c'est au contraire *torrents* qui est supprimé et remplacé par *ruisseaux*.

V. 7. Ms² :

> *j'attends l'horrible coup de cloche*
> *. . . . . l'affreux . . . .*

Ms²ᵇⁱˢ, Ms²ᵗᵉʳ et Ms³ :

> *j'attends l'horrible coup de cloche*

V. 9. Ms²ᵇⁱˢ

> *je sauterai dans l'ombre sans moi*

puis, en surcharge, la version définitive.

Page 34.

1. Il existe dans Ms² deux copies de ce poème (9.J. ff⁰ 12 et 21).

V. 1-3. Dans B, cette première strophe se présente ainsi :

> *Divinité de nuage*
> *danse avec un pied nu*

ces deux vers supprimés, puis :

> *un long pied nu sur la bouche*
> . . . . *ma* . . . .
> *un long pied contre mon cœur*
> *précipité dans cet enfer*
> *que ce pied de whisky*
> *sous ce pied de vin rouge*

(ces trois derniers vers supprimés)

> *Tu es ma soif ma fièvre*

V. 8. B :

> *talon très haut brisant mes dents*

Ms² :

> *talon très haut me terrassant*
> . . . . *dominant*
> . . . . *terrassant*

Ms²ᵇⁱˢ :

> *talon très haut brisant mes dents*
> . . . . *me terrassant*
> . . . . *m'accablant*

V. 9. B :

> *je pleure de n'être pas mort*
> . . . . *ne pas mourir*

V. 10-12. B :

> *ô soifs*
> *inapaisables soifs*
> *désert où jouir sans issue*

Ms²ᵇⁱˢ, cette strophe supprimée.

Au verso de B (fᵒ 51 verso), on trouve les premières lignes d'un récit :

Il y a aux environs de N., une petite ferme dans un vallon marécageux. À la ferme est attenante la maison d'habitation. Du côté du ruisseau, les débris d'un beau jardin, les herbes folles entourent un bassin en mauvais état. Un singulier personnage habitait cette demeure en apparence abandonnée. On le voyait souvent le soir assis tantôt sur un fût de colonne étendu, tantôt sur les débris d'une balustrade de pierre. Il lisait. Mais d'habitude il demeurait enfermé dans l'une des chambres de la maison.

Cet homme aux cheveux gris, visiblement las, se négligeait. Il portait d'habitude une chemise de nuit sale sans cravate, ne se rasait guère et n'avait aux pieds que des pantoufles décousues.

Page 35.

1. Les manuscrits offrent neuf copies de ce poème : une dans B, quatre dans b (9.J. ff° 36, 37, 38 et 39, que nous appellerons successivement b¹, b², b³ et b⁴), trois dans Ms² (9.J. ff° 13, 22 et 23) et une dans Ms³. B et b sont des premières versions très différentes. B est daté : *Vézelay, 9 au 13 septembre 43.*

B : *grande sœur de ma mort, sœur aux cheveux de vent*
sœur à la bouche de miel rouge
grand couloir où je pleure
à genoux dans le sang de mes yeux morts.

grand couloir où je ris d'être aveugle
grand couloir où je ris dans le claquement des portes
où j'adore une furie où je meurs

terrassez-moi force du vent du rire et de la lumière
frappez-moi je mourrai nu dans un courant d'air giflé
alcool vent et grand jour sœur virile de ma mort

trois vers illisibles, puis :

tonnez (?)-moi le clairon dans une oreille

je vois
les yeux morts voient
je vois la mort

b¹ reprend intégralement B, mais cette première version est ensuite couverte de corrections presque illisibles :

La sœur de ma vie a une chevelure de vipères
un grand rire de [? ? ?]
coup de vent de la mort
aveugle agenouillé et les orbites vides

couloir où je ris de ma nuit éternelle
couloir où je ris du claquement des portes
où j'adore le vent [???]   sanglots
[???]   rire de vent et de vin
frappez-moi [???]   nu dans un courant d'air giflé
donne-moi dans l'oreille un grand coup de trompette
alcool riant fouet viril de ma joie
fais retentir dans mon oreille
les coups de clairon de la mort

b² : *lumière de ma mort à la chevelure sifflante*
rire dominateur à la langue de miel rouge
insondable joie

ces vers corrigés ainsi :

la lumière de ma mort a une chevelure de vipères
le rire heureux d'une langue de miel rouge
dans un ciel insondable de joie
brusque coup de vent de ma mort où je crie
soudaine bourrasque . . . .
aveugle à deux genoux
et les orbites vides

couloir où je ris de ma nuit insensée
couloir où je ris dans le claquement des portes
où j'adore le vent qui éclate
où je tombe en sanglots
terrasse-moi rire de vent et de vin
frappe-moi frappé à mort
gifle-moi je veux mourir nu dans un courant d'air giflé
. . . . . coup de vent

tue-moi alcool riant sœur virile de ma fièvre
et fais résonner dans mon oreille
. . . . mugir . . . .
le coup de clairon de la mort
. . . . mortel
. . . . .de ma mort

b² : *sœur de ma mort à la chevelure de vipère*
sœur adorée aux lèvres de miel rouge
coup de vent de ma mort où je ris

ces vers corrigés ainsi :

sœur de ma mort à la chevelure sifflante
rire dominateur de ta langue de miel rouge
coup de vent de ma mort où je crie
aveugle à deux genoux
et les orbites vides

couloir où je ris de ma nuit insensée
couloir où je ris du claquement des portes
où j'adore le vent qui éclate où je pleure

accable-moi rire de vent et de vin
frappe-moi je veux mourir nu dans un courant d'air giflé

alcool riant fouet viril de ma joie
fais retentir dans mon oreille
. . .résonner . . . .
les coups de clairon de la mort
le coup . . . . ma . . .

b[4] : *la lumière de ma mort a une chevelure de vipères*
le soleil . . . .
un rire heureux de langue de miel rouge
dans un ciel insondable de joie

cette strophe est supprimée, et le poème, débutant par les
cinq premiers vers de la version définitive, se présente alors
ainsi :

soudaine bourrasque de mort où je crie
aveugle à deux genoux
et les orbites vides

couloir où je ris de ma nuit insensée
couloir où je ris dans le claquement des portes
où je t'adore foudre

et j'éclate en sanglots
terrasse-moi rire d'orage et de vin
accable- . . . .
gifle-moi je veux mourir nu dans un coup de vent giflé

alcool hilare tue-moi ma sœur virile
et fais mugir dans mon oreille
le coup de clairon de ma mort

172

V. 6. Ms² :

où j'adore une femme
. . . . *flèche*

Ms²ᵇⁱˢ :

où je t'adore foudre

Ms²ᵗᵉʳ :

où je t'adore foudre
. . *j'adore la* . . . .
. . . . . . *une robe*
. . . . *flamme*

V. 9. Ms² :

a mugi dans mon oreille

Ms²ᵇⁱˢ :

accable-moi rire d'orage et de vin
gifle-moi, je veux mourir nu dans un coup de vent giflé

Ms²ᵗᵉʳ :

accablez-moi rires d'orage et de vin
giflez-moi, je veux mourir nu dans un coup de vent giflé

ces deux vers remplacés par :

alcools hilares tuez-moi sœurs viriles
faisant mugir dans mon oreille

ces deux vers remplacés par la version définitive

Ms³ :

a mugi dans mon oreille

Page 36.

1. Il existe dans b quatre versions préparatoires de ce poème (9.J. ff⁰ 42, 43, 44 et 45) ; pour simplifier, nous les appellerons successivement b¹, b², b³ et b⁴.

b¹ : *au-delà de moi-même*
un jour
la terre roulera dans les cieux
. . . . *tournera dans l'immensité*
. . . . *roulera* . . . .
l'être qui est [un mot illisible]
l'immensité qui est inaccessible

173

> en elle je demeure aveugle
> voué [noué] au néant

remplacé par :

> l'univers m'est fermé
> en lui je reste aveugle
> accordé au néant

> seul en moi le néant
> regarde l'univers
> et m'étouffe obstinément
> . . . . sans hâte

> le néant que je suis
> est

b² continue peut-être b¹ :

> le lieu de ma mort est désert
> dans un pays de [un mot illisible] mortes
> colonnades de pluies
> voûtes d'aurore et d'effondrements
> herbes des cuisses étangs de lait

Suivent une quinzaine de vers couverts de ratures et illisibles à part quelques mots qui semblent indiquer que l'ensemble est une reprise du début.

b³ : *Comme dans l'ombre un fou*

supprimé

> le jour où je mourrai

supprimé

> Comme un phare immensément dans les cieux d'orage

puis : *De même qu'immensément dans des cieux sombres*
> un phare
> en tournant fait danser le brillant et l'obscur

> après que je mourrai

supprimé

> lorsque je serai mort dans les

supprimé

> quand je serai mort dans l'immensité du ciel

174

> . . . . *l'insondable ciel*
> *la terre poursuivant sa rotation*

ce dernier vers remplacé par :

> *ce globe continuant son cours*
> *alternera le jour et les ténèbres sans trêve*

> *je ne pourrai jamais atteindre*

supprimé

> *jamais je n'atteindrai*

b⁴ est extrêmement raturé. Ce que Georges Bataille y a noté d'abord est à peu près illisible, mais on peut déchiffrer au-dessus :

> *Comme dans l'ombre un phare immensément*
> *fait danser en tournant le brillant et l'obscur*
> *après mon dernier râle la terre dans les cieux*
> *alternera le jour et les ténèbres sans trêve*
> *au-delà de moi* [???]
> *plus vrai que jamais* [???] *pensée*
> *qui se dérobe à moi qui m'excède et m'étouffe*
> . . . . *qui me détruit*
> *à quoi je ne me voue qu'en me supprimant*
> . . . . *lâchant*
> *sombre vérité dont je suis le mensonge*
> . . . . *jour*
> *absence de repos dont parlent les bûchers*

V. 3. Ms² :

> *la terre traverse l'immensité*
> . . . . . *roule dans l'immensité*
> . . . . *le ciel*
> . . . . . *tourne* . . . . . .

V. 4-6. Ms² :

> *je serai mort*
> *et les ténèbres*
> *sans fin alterneront avec le jour*

ces trois vers corrigés ensuite pour arriver à la version définitive.

Page 37.

1. On trouve une première version de ce poème dans b
(9.J. f° 46) :

> *seul en moi le néant*
> *regarde l'univers*
> *et m'étouffe sans hâte*

remplacé par :

> *seule en moi la mort*
> *regarde l'univers*
> *et m'étouffe*
>
> *je suis le néant*
> *le soleil est ma tombe*
>
> *mon absence rayonne*
> *. . . . . est le jour*
> *. . . . . l'être*
>
> *mes yeux sont l'aveugle foudre*
> *mon cœur est le ciel*
> *où l'orage éclate*

Suivent huit vers illisibles où l'on devine les mots :
tombe, univers, ciel, mort ; puis :

> *l'immense univers*
> *dont je meurs*
> *est mort en moi*
> *.. la mort*

remplacé par :

> *en moi l'espace infini*

puis par la version définitive.

Dans Ms², Georges Bataille n'en arrive à ces trois vers
qu'après avoir successivement repris ou écrit :

> *seule en moi la mort*
> *regarde l'univers*
> *et m'étouffe*

puis :

> *je suis le néant moi-même*
> *le soleil est ma tombe*
> *et mon absence l'être*

puis au dernier vers :

> *l'être est la mort*

V. 8. Ms² :

> *au fond de l'abîme*
> *. . . . . d'un . . . .*

Page 38.

1. Dans b (9.J. f° 39), la première version est assez différente :

> *en ce qui me survivra*
> *je m'accorde*
> *à ce qui m'anéantit*

supprimé

> *je suis la fièvre, l'impatience*
> *et le désir inassouvi*
> *le vertige*

(ces trois vers parmi de nombreuses ratures, où l'on déchiffre, précédant *vertige*, les mots : *désespoir, folie, je suis ivre*)

> *je suis l'amour retirant les robes*
> *et le vin qui fait rire*
> *des robes retirées*

Ms² offre deux copies de ce poème (9.J. ff° 16 et 18) ; la seconde est seule différente de la version définitive :

> *je suis la fièvre l'impatience*
> *et le désir inassouvi*
> *je suis le vertige et le rire*

remplacé par :

> *je suis la fièvre le désir*
> *je suis la soif*
> *le vertige*

> *je suis l'amour retirant les robes*
> *et le vin qui fait pleurer*
> *des robes retirées*

ce dernier vers remplacé par :

> *d'être nue*

puis :   *de la robe enlevée*

puis l'ensemble repris ainsi :

> *je suis la joie retirant la robe*
> *le vin qui fait rire*
> *d'être nus*

Page 39.

1. Dans Ms²ᵇⁱˢ (9.J. fᵒ 18), ce poème fait directement suite au précédent. Les trois premiers vers diffèrent seuls de la version définitive :

> *les étoiles tombent*
> *dans un bol de gin*
> *une nuit de fête*

Ms² prend fin ici. Ms³ porte, à la suite de ce poème, la date *13-9-43*, qui est probablement la date d'achèvement de la série de poèmes composant «Le Tombeau».

L'AURORE

Page 43.

1. V. 3. Ms³ :

> *le sabre dont je suis mort*
> . . . . *mourrai*

Page 44.

1. V. 10. Ms³ :

> *tu es folle comme un départ*

Page 45.

1. Ms¹ donne deux vers de plus :

> *les yeux tournent la bouche avale*
> *le fiel comique de la joie*

Page 46.

1. Dans Ms³, la deuxième strophe est suivie de deux

vers non repris, qui représentaient peut-être le début d'une strophe abandonnée :

> déchire-moi douleur
> ineffable   mort
> inépuisable . . . .

V. 12. Ms³ :

> elle consume le jour

Page 48.

1. V. 1-3. CAR :

> je suis maudit voilà ma gloire
> . . . . femme
> . . . . mère
> enfant de l'ombre noire
> l'. . . . . la nuit noire
> l'ombre est avare de larmes
> la nuit . . . .

Ms³ :

> enfant de la nuit pâle
> . . . . d'une . . . . . .
> nuit avare de larmes
> immense nuit sans larmes

V. 4-6. CAR :

> l'ombre est pleine de ? ? ?
> mon cœur est cassé de pierre
> l'enfer de ma langue est de cendres

remplacé par :

> la nuit est avare d'amour
> j'ai le cœur cassé de pierre
> l'enfer de ma bouche de cendres

Ms³ :

> le cœur cassé de pierre
> l'enfer de ma bouche de cendres

V. 7. CAR :

> tu es le cœur de mes larmes
> . . . . sanglots
> . . . la mort . . . . larmes

Ms³ :

> tu es la mort de mes larmes

V. 9. CAR :

mon cœur maudit mes yeux malades te veulent
. . . . *cherchent*

V. 11. CAR :

buse sans tête aux ailes folles battant la nuit
. . . . *battant la nuit*

V. 16. CAR :

la douleur fait la joie
. . . . . . *est* . . . . .

Page 49.

1. V. 5. CAR :

et le soleil tu mordras

puis : *le grand soleil tu mordras*

V. 8-9. CAR :

ton cœur aimé du tonnerre
sans relâche tu seras tendresse d'ennui

remplacé par :

ton cœur aimé de l'effroi
ton ciel étranglé d'ennui

V. 10-12. CAR :

tu es l'amie du tonnerre
il n'est pas de repos pour toi
ta douceur est ma folie

remplacé par :

tu es l'amie du soleil
il n'est nul repos pour toi
la fatigue est ma folie

Page 50.

1. CAR porte en tête de page :

vendredi 15 octobre 1943
11 heures du soir

Il semble que le premier vers ait été d'abord :

d'avoir la foudre dans la tête

foudre étant remplacé par *buse* puis par *bouse* et *d'avoir* étant soigneusement supprimé.

180

V. 2. CAR :

> *j'éclate je défie le ciel*
> *. . . . . . hais . . . .*

V. 4. CAR :

> *il est amer d'être immense*
> *. . . horrible d'être immense*

Ms³ : *il est horrible d'être immense*

V. 7. CAR :

> *mon sexe mort est le soleil mort*
> *. . . . . . est un soleil mort*

V. 8. CAR donne avant ce vers un vers supprimé :

> *qu'importe si l'âne de la douleur braie à vomir*
> *les étoiles tombées dans le cercueil profond*

Ms³ : *les étoiles tombées dans le cercueil profond*

V. 9. CAR :

> *je pleure ma langue coule sur les reins de la bouchère*

puis : *je pleure la langue coule*

Ms³ : *la langue coule je pleure*

V. 10-11. CAR :

> *il n'importe pas que l'immensité* [quatre mots suppri-
> més illisibles]
> *soit ronde ou qu'elle roule dans le* [un mot illisible]

ce dernier vers remplacé par :

> *soit ronde et tombe dans le panier à son*

Ms³ : *il n'importe pas que l'immensité*
> *soit ronde et tombe dans un panier à son*

CAR, au-dessous du poème, on peut lire :

> *à ras de mort* (rayé)
> > *dans le fort bruit du vent*

Page 52.

1. Dans CAR aussi bien que dans Ms³, ce poème est plus long et se présente ainsi :

> *le malheur a des chevaux*
> *aux sabots de gras*

le froid glace dans le cœur
et des jambes folles

nouer la corde du pendu
avec les dents d'un cheval mort

le fond de l'horreur est la joie

Dans CAR, on trouve à la page suivante :

le fond du malheur
est la forge de la joie

ces deux vers supprimés et remplacés par :

le fond de l'horreur est la joie

Sur la page en face, ces notes :

16 octobre 43
je ferais un livre
un livre de cela qui est fièvre
avec

> *Anus solaire*
> *Dirty*
> *le paysage*
> *l'aveugle*
> *l'absence*
> *les poèmes érotiques*
> *le tombeau*

> *+ les poème suivants*
> *crache le sang*
> *je te trouve dans l'étoile*
> *le malheur est innommable*
> *je suis maudit voilà ma mère*
> *dent de haine*
> *la bouse dans la tête*
> *noire mort tu es mon pain*
> *le malheur a des chevaux*

> > sous le titre (supprimé)

> > > *rien d'autre*
> > > *comme titre du livre*
> > > *le tombeau* (supprimé)
> > > *DEÆ DIANÆ*

Sur la page suivante, le même plan est repris de la façon suivante :

> DEÆ DIANÆ
> *l'Anus solaire*
> *Dirty*
>
> *le paysage*
> *l'aveugle*
> *l'absence*
>
> *poèmes érotiques*
> DIANUS et DIANE
> 1. *le tombeau*
> 2. *suite de poèmes* (voir page précédente)
> 3. *Deæ Dianæ*

Page 53.

1. V. 2. CAR :

> *fureur du vent*
> *rage* . . . . . .

V. 3-4. CAR :

> *rire du ciel d'étoile*
> *gorgée de soleil*

remplacé par :

> *éclat de rire de l'étoile*
> *matinée de grand soleil*

Ms[3] :   *matinée de grand soleil*

V. 7. CAR :

> *plus loin que le malheur* [un mot illisible]
> . . . . *les larmes la mort*

Ms[3] :   *plus loin que le malheur les larmes la mort*

V. 9. CAR :

> *dans la fente l'ouverture de ta bouche*
> . . . *l'espace de ta voix*

Ms[3] :   *dans l'espace de ta voix*

Par ailleurs, dans CAR comme dans Ms[3], ce poème est suivi de quatre vers qui, dans la version définitive, constituent le poème qui succède au suivant. Toutefois, dans Ms³, ces vers sont répétés à leur place définitive.

Page 54.

1. V. 2. CAR :

> *fuyante comme l'aurore*
> *fragile . . . .*

V. 3. CAR :

> *le vent de mort a brisé tes genoux*
> *. . . . . jambes*
> *. . . . a brisé le cœur*

Ms³ : *un vent froid brise le cœur*

V. 4-6. CAR :

> *la dureté de la pierre*
> *. . . . . . . l'effroi*
> *le silence est une église*
> *où l'on abat les porcs*
> *. . . . tue . . . .*

puis : *à la dureté de l'angoisse*
> *les ténèbres sont une église*
> *où l'on égorge des porcs*

Ms³ : *la dureté de l'angoisse*
> *le silence est une église*
> *où l'on égorge un porc*

V. 9. CAR :

> *l'agonisante et la douceur*

puis vers définitif.

V. 10. Ms³ : ce vers est suivi de la date *28 octobre* [1943].

Page 55.

1. Voir note p. 53, v. 9. CAR :

> *ton sommeil cette toujours douleur*
> *est le signe de la vie*

remplacé par :

> *ton sommeil et ton absence*
> *manifestent la vie*

puis : *ton sommeil et ton absence*
> *illumineront ma tombe*

184

Ms³ :   *illumineront ma tombe*

Page 56.

1. V. 1-3. CAR :

>   *tu es le battement de cœur*
>   *je t'écoute sous les côtes*
>   *la respiration suspendue*

remplacé par version définitive.

Page 57.

1. Dans CAR, ce poème avait un titre : *Va-t'en*, que Georges Bataille a supprimé en le couvrant de hachures, de même qu'il a supprimé un cinquième vers :

>   *tu es ma vie et ma mort haletante*

Page 58.

1. V. 2. Ms³ :

>   *le cœur me manque tu es la mort*
>   . . . . *défaille* . . . .

V. 7. Ms³ :

>   *la mort rit l'oiseau moqueur siffle*
puis :   *la mort rit l'oiseau perce la nue*
>   . . . . *fend* . . . . .

Page 59.

1. Dans Ms³, toutes les variantes d'une première version sont très soigneusement hachurées et généralement illisibles. On distingue cependant le titre que Georges Bataille avait d'abord donné à ce poème : *la Nausée.*

V. 4. Ms³ :

>   *je te vois à travers des larmes*

V. 8. Ms³ :

>   *et le désir impuissant de toi*

puis *impuissant* supprimé.

Page 60.

1. Dans Ms³, la première strophe est précédée d'une autre :

> *dans l'obscurité noire*
> *mon nez a cogné fortement*
> *la colonne du baldaquin*

V. 3. Ms³ :

> *les singes crachent en mourant*

V. 6. Ms³ :

> *assez je suis déjà trop mort*
> . . . . *fatigué*

V. 8-9. Ms³ :

> *je ris de moi l'âne immense*
> . . . . *d'encre*
> *hihan aux étoiles du ciel*

LE VIDE

Page 64.

1. V. 13. Ms³ :

> *tes mains derrière la tête*

V. 17-20. B :

> *sur un baldaquin sordide*
> *où rit le singe de la mort*
> *ta lumineuse nudité*
> *est la folle du logis* [un mot illisible] *tombeau*

remplacé par :

> *sur un sordide baldaquin*
> *est blotti le singe néant*

et la suite comme dans la version définitive.

Ms³ :

> *sur un baldaquin sordide*
> *est blotti le singe néant*

et la suite comme dans la version définitive.

V. 22. B :

> *où tu ne peux pas venir*
> . . . . . *veux* . . . . . .

V. 27. B :

> *l'immense mort te prendra*
> . . . . *t'accueillera*

V. 33-36. Dans **B**, une première rédaction de cette strophe :

> *je n'attends que le désastre*
> *où tout le jour sombrera*
> *j'entrerai dans ton cœur*
> *comme un couteau de mort*

a été supprimée et remplacée par :

> *dans l'attente du désastre*
> *où les lumières s'éteindront*
> *je serai doux dans ton cœur*
> *comme le froid de la mort*

Ms³ reprend cette dernière strophe.

Poèmes divers

Page 67.   POÈMES DE LA *SOMME*
                   ATHÉOLOGIQUE

Georges Bataille a donné le surtitre de «Somme athéologique» aux trois volumes qui constituent le centre de son œuvre et qui parurent successivement dans l'ordre suivant : *L'Expérience intérieure*, en 1943; *Le Coupable*, en 1944; *Sur Nietzsche*, en 1945.

Nous avons rassemblé dans cette partie les quelques pages ou passages écrits sous la forme de poèmes tout en ayant conscience qu'il s'agit sans doute de thèmes de méditations. Bataille, dans le cours de ces volumes, ne semble d'ailleurs pas différencier poésie et méditation, la forme du poème accélérant la précipitation verbale favorable à l'entrée en méditation.

Page 69.   *L'Expérience intérieure*

1. On trouvera les deux premiers poèmes dans le tome V des *Œuvres complètes*. Quant à la suite intitulée «Manibus Date Lilia Plenis», elle constitue la cinquième et dernière partie de *L'Expérience intérieure*, qui se termine

donc par ces cinq poèmes, manière cette fois d'affirmer le choix de leur forme. Ce tome V ne mentionne pas le nom de celui ou de ceux qui en ont établi le texte. Aucune note ne concerne ces poèmes.

Page 77.   *Le Coupable*

1. Dans *Le Coupable*, on ne trouve que les deux poèmes «Trop de jour...» et «absence de tonnerre» mais, dans le tome V des *Œuvres complètes*, les notes mentionnent à propos des pages auxquelles appartient le second ces brouillons biffés de poèmes :

> *Perdue dans des nuées de têtes*
> *sans yeux ma tête est riante*
> *je ne suis pas le soleil*
> *les têtes tombent dans les tombes*
>
> *la grosse tête superflue*
> *la même l'enflée la molle*
> *la groseille dans le vent*
> *la nuit le jour la vident*

sur un autre feuillet :

> *l'aveugle étoile morte*
> *et douze oignons galeux*
> *chien jaune*

à la suite, plus bas mais toujours biffé :

> *le ciel a fait popo*
> *le ciel a fait caca*
> *les oiseaux de rivière*
> *et les étangs marins*
> *ruisselant de sommeil*
> *roucoulent de plaisir*
> *la belle gorge pleure*
> *et les longs cheveux noirs*
> *rigolent de baisers*

> *les mouches les abeilles*
> *les veaux les éléphants*
> *barissent font l'amour*
> *je suis un éléphant*
> *je suis un veau je suis un verre*
> *de vin blanc*

au-dessous :

> *Je me console de la pauvreté humaine par la splendeur et la splendeur est pourtant liée au défi (s'éteindrait sans lui) que produit la misère.*

Page 80.   Sur Nietzsche

1. Dans *Sur Nietzsche*, le premier poème «Je me représente : un objet d'attrait» apparaît dans le journal daté «février-avril 1944», chapitre IV, mais on rencontre le poème suivant indiqué comme «biffé» dans les notes concernant le chapitre II (*Œuvres complètes*, tome VI) :

> *Dans l'indifférence à moi-même*
> *(je regarde)*
> *ce qui m'entoure*
> *étendue vide et calme*
> *qui n'est rien*
> *l'absence de limites*
> *m'échappe dans tous les sens*
>
> *d'elle-même l'immensité s'annihile*
> *en même temps qu'elle m'annihile*
>
> *(je ne suis plus rien)*
> *qu'un glissement à cette étendue vide*
>
> *Tout se dérobe*
> *lentement*
> *(je suis lié par la pesanteur à la terre*
> *mais) la terre se dérobe*
> *dans un mouvement où chaque chose se détache*

et flotte
emporté par le mouvement immense
qui n'est ni la chute ni l'absence de chute
mais qui s'ouvre infiniment
vertigineusement
dans tout l'espace

Puis cet autre dans les notes venant en complément du chapitre III :

Dans l'espace de ton cœur
je tombe c'est le vide
à l'aube des hirondelles
déchirent ton immensité
rirai-je dans ce ciel

j'ai rayé comme une flèche
ton absence le sang coulait
au-delà de mon rire étrange
tu es dans le vent pur
tu es le jour

ta félicité
irradie les toits
elle déchire les nues
tu es ma flèche mon épée
le fil le soleil

tu es la flamme qui meurt
la transparence des cris
ton rire est la folle aurore
la pure liberté
des seins nus

Les notes relatives au chapitre V donnent le brouillon d'un Sonnet dont la version définitive fut publiée dans *L'Orestie*. On la trouve dans ce volume (voir p. 102) au centre de la partie intitulée «Appendice. Poèmes disparates», titre donné par Bataille lui-même.

Ta longue nudité l'animale forêt
le chemin égaré de ta bouche profonde
je rêve d'éclairer la tristesse du monde

Je rêvais de toucher la tristesse du monde
au bord désenchanté d'un étrange marais
je rêvais d'une eau lourde où je retrouverais
les chemins égarés de ta bouche profonde

J'ai senti dans mes mains a) *un animal immonde*
échappé à la nuit d'une affreuse forêt
et je vis que c'était le mal dont tu mourais b)
que j'appelle en riant la tristesse du monde

une lumière folle un éclat de tonnerre
un rire libérant ta longue nudité
une splendeur immense c) *enfin m'illuminèrent*

et je vis ta douleur comme une charité
rayonnant dans la nuit la longue forme claire
et le cri délirant d) *de ton infinité*

a) Trois versions biffées de ce vers :
    je tenais dans mon lit [...]
    je serrais dans mes bras [...]
    je tenais dans mes doigts [...]
b) À la suite, deux vers très raturés ; on devine :
    [biffé : *tu riais*] *en chantant*
    errante dans les fleurs du [mots illisibles]
    [mot biffé] *que j'appelle* [...]
c) Dans *L'Orestie : une immense splendeur* [...]
d) Dans *L'Orestie : et le cri de tombeau* [...]

Page 81.

1. Toujours dans *Sur Nietzsche*, cette suite de six poèmes surgit brusquement dans «La Position de la chance», journal daté «avril-juin 1944». Elle est introduite par cet aver-

tissement : «Dans un état d'extrême angoisse — puis de
décision — j'écrivis ces poèmes :...»

Dans les notes concernant «Le Temps» («juin-juillet
1944»), ce dernier poème est indiqué comme «biffé» :

Blanc voilé de a) *vapeurs humides*
ou bleu
laissant nue l'horreur intouchable b)

ciel bas ou pur
mort et sans commencement ni fin c)
sur ma tête chevelure de serpent sifflante

éclat de d) *mes yeux blancs*
quand j'ai trop bu
que d'envie de vomir je tombe

vipère
que je hais
dont mes yeux se détournent

ciel innocent, lumineux, risible
serpent à tête de nœud
you are a joke

II

mes mains ont étranglé le ciel
elles riaient
et tombaient de sommeil déjà

dans les replis de lumière
se cachait ma maladie
mes larmes le venin [de ?] *ma honte* e)

la vermine des fumées de houille
étouffement la nuit dans une attente d'orage
angoisse d'enfant

> *poissées de sang de venin*
> *mes mains fébriles* f)
> *contentes d'un bon tour* g)

a) Biffé : *Le ciel barré couvert de* [...]
b) Biffé : *ou nu laissant nue l'immensité inaccessible*
c) Biffé : *mort et sans fond ni base*
d) Biffé : *intolérable ciel [biffé : fait] reflet de* [...]
e) Biffé : *les sanglots, le venin, le pus du crime [la honte]*
f) Biffé : *mes mains tremblent lourdes d'ignominie*
g) Biffé : *de trépas et de poussière*

Page 87.   INVOCATION À LA CHANCE

Nous avons rassemblé dans cette partie les poèmes de Georges Bataille parus seulement dans des revues («L'Être indifférencié n'est rien») et neuf poèmes de *L'Orestie* : les trois premiers («Invocation à la chance», «La Discorde» et «La nuit est ma nudité») parce que le texte de leur prépublication nous paraît constituer une version intéressante, les six autres («Appendice. Poèmes disparates») parce qu'ils n'ont jamais été repris dans aucun des recueils auxquels a été intégrée *L'Orestie*.

Page 89.   *Invocation à la chance*

1. Nous donnons ici le premier état de ce poème, tel qu'il a paru dans *Domaine français* (*op. cit.*, pages 229 et 230). Il a été repris ensuite dans :
1) *L'Orestie* (Éditions des Quatre Vents, Paris, 1945) que nous abrégeons en OR ;
2) *La Haine de la poésie* (Éditions de Minuit, Paris, 1947) que nous abrégeons en HP ;
3) *L'Impossible* (Éditions de Minuit, Paris, 1962) que nous abrégeons en IMP.
On sait que «L'Orestie» est, avec «Histoire de rats» et «Dianus», l'une des trois parties de *La Haine de la poésie* et de *L'Impossible* ; on sait aussi que *L'Impossible* n'est qu'une réimpression de *La Haine de la poésie*, bien que «L'Orestie»

y devienne la troisième partie alors qu'elle était auparavant la première.

Le titre, «Invocation à la chance», est maintenu dans OR, mis en exergue dans HP et supprimé dans IMP.

Le manuscrit de ce poème (ff° 124 et 124 *bis*) fait partie d'une série de brouillons classés 13, B. pp. 114-129 dans l'inventaire des papiers de Georges Bataille.

2. V. 7. OR :

> *ô soleil en mon sein noire lame nausée*

HP et IMP :

> *ô soleil en mon sein longue épée de la mort*

V. 12 : Partout ailleurs deux vers à la place de celui-ci :

Ms : *les fleuves de la mort se rosissent de sang*
      donne aux soleils vivants tes cheveux d'assassin
      . . . . . .   *mondes* . . . .

OR : *les fleuves de la mort se rosissent de sang*
      les vents ont décoiffé mes cheveux d'assassin

HP et IMP :

> *les fleuves de l'amour se rosissent de sang*
> *les vents ont décoiffé mes cheveux d'assassin*

Page 90

1. V. 1. OR :

> *chance ô lascive divinité*

HP et IMP :

> *chance ô blême divinité*

V. 6. Ms :

> *déchirement des os*
> *transparence de tout os*

remplacé par version donnée ici.

Dans OR, HP et IMP, les deux vers :

> *éclatante*
> *déchirure des os*

sont supprimés.

V. 7. Dans IMP, *chance nue* est rattaché à la strophe précédente.

2. Ces quatre derniers vers sont supprimés dans OR, HP et IMP.

Page 91.   *La Discorde*

1. Ce poème occupe les pages 25 et 26 du numéro II des *Quatre Vents / Cahiers de littérature / textes réunis par Henri Parisot*, paru en 1945. Il s'y présente comme un texte continu, alors que dans OR, HP et IMP, les strophes reprises ont été présentées chacune comme un poème indépendant. Nous n'avons pas le manuscrit des deux premières strophes ; nous décrirons les autres au fur et à mesure.

Page 92.

1. V. 7. OR, HP et IMP :
              image d'immense ciel

V. 8-12. Ms sur une feuille d'agenda : OCTOBRE, 30 Vendr. [1942] (13, B. f° 121, d'après l'inventaire). L'écriture est fiévreuse ; certains vers trop raturés pour qu'on puisse lire la première version :

> *plus haut*
> *plus haut que*   (supprimé)
> *dans le haut sombre du ciel*
> *dans une fente folle*
> . . . . *ouverture folle*
> *plus haut*   (supprimé)
> *une auréole de sable*   (supprimé)
> *plus haut*   (supprimé)
> *une traînée de lueur*
> *auréole de ma mort*
>
> *liberté*
> *sans voix*
> *inespérée de ma mort*

Au folio suivant (122), qui est également une page d'agenda : DÉCEMBRE, 2 Mercr., un poème barré d'un trait, non repris :

> Le néant dans une robe
> accompagne le mourant
> le mourant chante
> le néant chante
> et la tombe ouverte rit

V. 14-17. Ms sur fragment d'une feuille d'agenda. Ces quatre vers n'ont été repris ni dans OR, ni dans HP et IMP (inventaire, 13, B. f° 120).

V. 18-22. Ms sur une feuille d'agenda : NOVEMBRE, 30 Lundi [1942] (inventaire, 13, B. f° 115). La version primitive était :

> flamme de nuit
> jambe sciée
> cervelle nue et pied nu
> je crache l'or je pisse le raisin   (raturé)
> je déshabille le lapin   (raturé)
> le froid, le pus, la nuée
> le cerveau mouchent le sang

Ce poème, que ne reprennent ni OR, ni HP, ni IMP, est sans doute à rapprocher de celui qui ouvre la partie III du «Tombeau» :

> Un long pied nu sur ma bouche...

Cf. *Préface pour «le Mort»* (*L'Arc*, numéro 32 consacré à Georges Bataille, 2ᵉ trimestre 1967, pages 79, 80 et 81). Bataille, après avoir parlé de son séjour en Normandie à l'automne 1942, raconte :

Je me souviens en particulier d'avoir entendu un jour un avion dont le moteur avait des ratés. Le bruit du moteur fut suivi d'un choc violent. Je pris ma bicyclette. Je finis par trouver l'endroit où cet avion allemand était tombé. Il brûlait au milieu d'un immense verger (des pommiers) : plusieurs arbres étaient calcinés et trois ou quatre morts, projetés autour de l'avion. [...] Le pied d'un des Allemands avait été dénudé par l'arrachement de la semelle de la chaussure. Les têtes des morts, me semble-t-il, étaient informes. Les flammes avaient dû les toucher; ce pied seul était intact. C'était la seule chose humaine d'un corps, et sa nudité, devenue terreuse était inhumaine : la chaleur du brasier l'avait transfigurée; cette chose n'était pas cuite, ni calcinée : dans l'empeigne sans semelle de la chaussure,

elle était diabolique : mais non, elle était irréelle, dénudée, indé-
cente au dernier degré. Je restai longuement immobile ce jour-là,
car ce pied nu me regardait.

V. 23-26. Ms sur fragment d'une feuille d'agenda (13,
B. f° 118).

V. 27-32. Ms au net sur feuille de registre (?) [inventaire,
13, B. f° 129] ; il est intitulé : « Bougies ». Ces deux strophes
n'ont pas été reprises dans OR, ni dans HP et IMP.

Page 93.   *La nuit est ma nudité*

1. Ce poème occupe les pages 79 et 80 du numéro 2
(nouvelle série) de *l'Éternelle Revue* (créée dans la clandes-
tinité par Paul Eluard). Partout ailleurs, dans OR, HP et
IMP, le titre est : « Je me jette chez les morts », et chaque
partie est publiée sur une page séparée comme autant de
poèmes se faisant suite. Nous n'avons que le manuscrit de
la deuxième strophe.

Ms in 13, B. (f° 123) où le poème a deux strophes.

2. V. 4. Dans Ms, OR, HP et IMP :

> *j'ai peur je pourrais vomir*

suivi d'un blanc.

V. 6. Dans Ms deux vers de plus :

> *mon cœur est transi de froid*
> *il éclaire comme un soleil*

Page 95.

1. V. 1 sqq. Dans toutes les éditions successives : OR,
HP et IMP, s'intercale ici un poème auquel cette troisième
partie fait suite ; nous donnons sa version définitive telle
qu'elle se présente dans *L'Impossible* :

> *À ma mort*
> *les dents de chevaux des étoiles*
> *hennissent de rire je mort*
>
> *mort rase*
> *tombe humide*
> *soleil manchot*

le fossoyeur à dents de mort
m'efface

l'ange au vol de corbeau
crie
    gloire à toi

je suis le vide des cercueils
et l'absence de moi
dans l'univers entier

les trompes de la joie
sonnent insensément
et le blanc du ciel éclate

le tonnerre de la mort
emplit l'univers

trop de joie
retourne les ongles.

V. 6. OR :

    mais des torrents de feu

V. 7. OR :

    plus vastes que le ciel

IMP :   *plus grand qu'un ciel*

V. 8. IMP :

    aveuglant comme l'aube

et un blanc après ce vers dans OR, HP et IMP.

V. 13. HP et IMP :

    d'un côté le sujet JE

V. 16. OR, HP et IMP :

    univers charpie de notions mortes

V. 20. Dans OR, HP et IMP, un blanc après ce vers.

V. 23. Dans OR, HP et IMP, un blanc après ce vers.

V. 26. OR, HP et IMP :

    mon envie de vomir envie

et un blanc après ce vers.

V. 28. OR, HP et IMP :
> *ô faillite*
> *extase dont je dors*

V. 30. OR, HP et IMP :
> *toi qui es et seras*

V. 34. HP et IMP :
> *brisant ma tête*

Page 96.   *L'Être indifférencié n'est rien*

1. Ce poème a paru uniquement dans les *Botteghe oscure.* Ses sept parties sont publiées à la suite dans le numéro XIII, dont elles occupent les pages 14, 15 et 16. Nous n'avons pas le manuscrit.

Page 100.   *Appendice*

1. C'est le titre général donné par Georges Bataille à ce groupe de poèmes, qui n'a été recueilli que dans *L'Orestie.* Aucun des poèmes n'a ensuite de titre particulier, sauf dans la « Table des matières » où on lit :

> APPENDICE *(Poèmes disparates)*
> *Poème de circonstance*
> *Poème écrit sans m'être entièrement réveillé*
> *Sonnet*
> *Deux poèmes exprimant l'amour perdu*
> *Poème érotique*

Page 107.   DE LA DOULEUR AU LIVRE

Titre composé à partir du premier et du dernier poème de cette série de « poèmes retrouvés ». Cet ensemble a paru dans le tome IV des Œuvres complètes. Le texte en fut établi par

Thadée Klossowski auteur des notes suivantes (à l'exception de celles des pages 142, 144 et 145) :

B. N.

Si nous nous sommes efforcés de classer chronologiquement ces poèmes, ou groupes de poèmes, en revanche, à l'intérieur des groupes eux-mêmes, nous avons respecté l'ordre (peut-être fortuit) dans lequel nous les avons trouvés. Par ailleurs, les titres sous lesquels ces poèmes se regroupent («Poèmes éliminés», «Poèmes érotiques», etc.) sont nôtres, et de pure commodité.

Page 109.   *Douleur et quatre poèmes*

1. 1942? Poèmes retrouvés, avec deux brouillons pour *Le Petit*, dans les manuscrits de «La Tombe de Louis XXX». Une page de titre (mais pour ces poèmes?) indique : *Poèmes érotiques, Paris et Panilleuse,* octobre ou novembre 1942. Panilleuse est un village de la région de Mantes où Bataille passa quelques semaines à l'automne 1942.

Page 111.

1. Un premier brouillon donne :
          entre dans l'œil et croasse
2. *Caveau* ou *cerveau*? [illisible]

Page 113.   *Je mets mon vit...*

1. Retrouvé dans les manuscrits de *L'Archangélique* (où les inédits sont datés octobre 1943-avril 1944). Le ton en est si différent des «Onze Poèmes retirés de *L'Archangélique*» que nous préférons le donner à part.
2. Cette dernière strophe est reprise dans «Le Livre». Voir aussi plus loin (p. 117, n. 1) la strophe biffée de «Je n'ai rien à faire en ce monde» («Onze Poèmes retirés de *L'Archangélique*»).

1. Nous retrouvons ce poème (ou ces deux poèmes?) dans un groupe de notes et fragments épars datant d'avant guerre. Mais le style et l'allure générale du manuscrit nous le font plutôt rapprocher des inédits de *L'Archangélique*.

Page 115. Onze poèmes retirés de L'Archangélique

1. Dans *L'Archangélique*, Ms³ (voir note sur *L'Archangélique* p. 158), ils sont datés : *octobre 1943-avril 1944*.
2. À la suite, et comme en marge, on lit : *ce que je veux*. S'agit-il du titre?

Page 116.

1. Précédé de ces deux strophes biffées :

> *le lieu de ma mort est désert*
> *colonnade de pluie*
> *voûtes d'aurore et d'effondrement*
>
> *dans les herbes de jambe les mouches de lait*
> *la moustache d'un mort a les lèvres molles* a)

a) *Molles* ou *moussues*? [illisible].
2. Vers illisible. Notre transcription est peut-être fautive.

Page 117.

1. Suivi de cette strophe biffée (voir «Je mets mon vit...», p. 113 et «Le Livre», p. 149) :

> *J'écarte tes cuisses nues*
> *et ta déchirure offerte*
> *je devine la venue*
> *d'une anxiété déserte.*

2. Un premier brouillon donne pour cette strophe :

> *Je ne veux pas guérir de toi*
> *le cœur en lambeaux je crie*

> *déchire-moi je mourrai*
> *fixé sur tes grands yeux vides.*

Page 119.

1. Dans une autre version :

> *ton ventre est fou comme l'aurore.*

Page 120.   *Poèmes éliminés*

1. Poèmes non utilisés (de 1942 à 1945 ?), sans doute recopiés après la parution de « La Discorde » (Quatre Vents, septembre 1945), dont on retrouvait ici deux strophes recopiées sous le titre *Bougies* (voir p. 92, n. 1, v. 27-32) et dont le manuscrit contient le brouillon de plusieurs de ces poèmes.

2. Cette première strophe est reprise de *L'Orestie* (voir « La Discorde », p. 91).

Page 121.

1. Voir « La Discorde ».

Page 122.

1. 1942 ? On retrouve le brouillon de ce poème au verso de « À la romaine ».

Page 123.

1. Novembre 1942.

Page 124.

1. 1942 ? On trouve dans un carnet (1942-1943) pour *L'Archangélique* six poèmes sur des feuilles d'agenda, dont « La Fenêtre » et :

> *Si tu veux être semblable*
> *à la mort*
> *il te faut rire*
> *pleurer*
> *faire l'amour*

Les quatre autres poèmes se retrouvent par ailleurs dans les manuscrits de «La Tombe de Louis XXX».

2. Le carnet donne :

un corbeau gras

Page 125.

1. Dans le manuscrit de «La Discorde».

Page 126.

1. 1942? Dans les manuscrits de *L'Orestie*, sur une feuille d'agenda (voir p. 124, n. 1), on trouve un brouillon (biffé) de ce poème ; le deuxième vers se lit :

> *danse de putains*
> *tourne ronde*

Au verso de ce brouillon, également biffé :

> *Le néant dans une robe*
> *accompagne le mourant*
> *le mourant chante*
> *le néant chante*
> *et la tombe ouverte rit*

Page 127.

1. Dans le manuscrit de «La Discorde».

Page 128.   *Le loup soupire…*

1. Joint par Bataille aux «Poèmes éliminés». Mais l'écriture et le papier utilisé sont très différents.

Page 129.   *Poèmes érotiques*

1. Dans un carnet. Cinq de ces poèmes ont servi pour «L'Être indifférencié n'est rien» (nous dirons ici, en abrégé : *e. i.*), paru dans les *Botteghe oscure*, nº XIII, en 1954.

2. Venait à la suite un poème, *Blanchot* :

> *Blanchot*
> *le feutre*
> *de la mort*
> [...]

repris dans *e. i.* (voir p. 96) :

> *Chapeau*
> *de feutre*
> *de la mort*
> [...]

Page 130.

1. Correction dans la marge de :

> *La mort saisit le vif*
> *et l'oiseau*
> *ferme la marche.*

2. Ce poème s'intercalait entre «Les Lois de la saveur»
et «Le Corps» (*e. i.*, voir p. 97).

Page 131.

1. Ces cinq vers étaient précédés de ce brouillon (biffé) :

LA BELLE

> *Dans le sang de mon cœur*
> *une pine*
> *et dans la vulve*
> *le jet*
> *j'ouvre les jambes*
> *à la langue de bœuf*
> *de la fourrure*

2. Ce vers (au crayon) est peut-être la correction du
précédent (à l'encre).

Page 132.

1. En face de ces quatre derniers poèmes, dans la
marge, ces deux titres : *Panthéon, La Langue.*

2. Manque, à la suite, le brouillon de «Le Trou de ta pine», repris à la fin sous le titre «Le Chauve».

3. Repris dans les manuscrits de *Divinus Deus*, sous le titre «La Belle».

Entre ce poème et le précédent s'intercalaient :

a) «Le Ciel», ébauche biffée pour «Le Glas», voir p. 134, n. 1.

b) Notes pour «La Cavatine».

c) Une ébauche biffée de «J'ai vomi» (*e. i.*, voir p. 97).

4. Ce poème s'intercalait entre «L'Alcool» et «J'ai vomi» (*e. i.*, p. 97 — ici intitulé «La Mort»).

Page 133.

1. Ce titre — correction de «L'Orage» — est suivi d'une ébauche biffée pour «Le Glas».

Page 134.

1. Précédé de quatre ébauches biffées :

a)   LE CIEL

> *Le bronze de l'amour sonne*
> *Le battant rouge de ta pine*
> *dans la cloche de mon con*

b)   *Le battant chauve de ton glas*
> *dans la cloche* (biffé : *de mon vagin*
>   *de mon urine*) *du con*
> *le bronze de l'amour sonne*
> *le long branle voluptueux*

c)   *Le bronze de l'amour danse*
> *le long branle voluptueux*
> *et le battant chauve du glas*
> *sonne et sonne et sonne et sonne*
> *dans ma cloche libidineuse*

d)   *Dans ma cloche libidineuse*
> *le bronze de la mort sonne*
> *le battant de la verge danse*
> *le long branle voluptueux*

2. Ce dernier poème et un petit texte érotique lui faisant suite se retrouvent dans les manuscrits de *Divinus Deus*.

Page 135.   *Coryphea*

1. Titre de Bataille. Retrouvé dans une liasse de manuscrits de 1950 à 1957.

Page 136.   *Cinq poèmes de 1957*

1. Retrouvés dans un carnet, à la suite d'un texte daté *octobre-novembre 1957*.
2. Dans le manuscrit, changement de page entre : *jamais je ne pleure* et *je hurle*. Le dernier vers *(qu'on ne s'entendra plus)* étant suivi de ce titre biffé : «Je meugle», il se pourrait donc que «je hurle» soit le titre d'un deuxième poème.

Page 138.

1. Titre biffé.

Page 140.   *La Tombe de Louis XXX*

1. Composé vers 1954 à partir de poèmes (1942-1945 ?) non utilisés ; le dossier contient :
1) Le manuscrit, qui s'accompagne de trois groupements de poèmes où l'on retrouve «Douleur et 4 poèmes» et les brouillons pour *Le Petit* publié en 1943 sous le pseudonyme de Louis Trente. «Bataille avait écrit ces poèmes devant moi, avec l'idée que je pourrais peut-être les mettre en musique. C'était en octobre et novembre 1944» (René Leibowitz). Le manuscrit conservé par René Leibowitz se présente comme ceci :

Chansons
    1. La lie.
    2. Ma fêlure.
    3. J'ai de la merde.
    4. La blessure.
    5. La nuit est ma nudité.
Le Livre.
L'Oratorio.

2) Trois copies dactylographiées : la troisième copie, corrigée (notre texte), porte des annotations d'imprimeur (indiquant par exemple un tirage à cent exemplaires) et s'accompagne même de spécimens de la dernière page. Il semble pourtant que ce projet d'édition n'a pas eu de suite : du moins n'en retrouvons-nous aucune trace.

Le titre devait être précédé d'un faux-titre, *La Tombe*, et d'un frontispice :

Ms. : *frontispice de Bellmer.*

Note de l'imprimeur : *gravure de A. M. à cuivre perdu.*

Page 141.

1. Dans Ms. (sur une feuille d'agenda) ce poème est intitulé *Douce-amère.*

Page 142.   *Absence de remors*

1. Ce poème constitue l'avant-dernière partie de *Le Petit*, livre publié par Georges Bataille vers 1943 sous le pseudonyme de Louis Trente. C'est pourquoi nous le prélevons sur l'ouvrage auquel il appartient et le faisons figurer à la suite de «La Tombe de Louis XXX». Et comme le poème retrouvé dans les papiers de Georges Henein n'est pas d'un ton très différent, il n'est sans doute pas absurde de le placer à la suite.

B. N.

1. Ce poème inédit de Georges Bataille a été retrouvé dans les papiers de Georges Henein, à qui Bataille l'avait envoyé. Il a été publié par les soins de Jean-Paul Neveu aux Éditions Le Nyctalope, Amiens, 1983, accompagné d'un dessin de Fred Deux gravé par Cécile Reims. Cette mince plaquette a pour titre : *sur un poème de G. B.* Elle a été tirée en tout à 63 exemplaires sur Vélin de Lana. Le nom de Bataille figure au colophon. Le mot «vit» est bien souligné dans le manuscrit et un point figure après le mot «dents».

B. N.

1. Ce poème inédit de Georges Bataille, communiqué par Maurice Blanchot à Bruno Roy, sert de préliminaire à sa contribution à *G.L.M.*, livre d'hommage à Guy Levis Mano, publié par Fata Morgana en 1982.

B. N.

1. Repris de «Je mets mon vit...», poème retrouvé dans les manuscrits de *L'Archangélique.*

La photographie d'une vulve devait s'intercaler entre cette page et une suite demeurée hypothétique.

DU MÊME AUTEUR

Ce volume,
le quatre cent dix-neuvième de la collection Poésie,
composé par Interligne
a été achevé d'imprimer sur les presses
de CPI Bussière à Saint-Amand (Cher),
le 22 août 2014.
Dépôt légal : août 2014.
1er dépôt légal dans la collection : avril 2008.
Numéro d'imprimeur : 2011544.
ISBN 978-2-07-034981-4./Imprimé en France.